Christian Kracht

Faserland

von Ute Paulokat

Schroedel Interpretationen Band 26

Druck A 1 / Jahr 2012

Redaktion: Dr. Hans-Georg Schede
Reihentypografie: Thomas Schröder, Braunschweig
Satz: Ira Petersohn, Ellerbek
Repro und Druck: westermann druck GmbH, Braunschweig
Titelbild: Martin Vischer als Protagonist der ersten Bühnenadaption von »Faserland«, die unter der Regie von Robert Lehniger im April 2012 am Schauspiel Hannover Premiere hat. Foto: © Katrin Ribbe

ISBN 978-3-507-47729-2

Einführung

Es kommt nicht von ungefähr, dass Christian Krachts *Faserland* bei seiner Veröffentlichung im Jahr 1995 mit Jerome D. Salingers (1919–2010) *The Catcher in the Rye* (1951) verglichen wurde: Auf einen jungen Menschen der Neunzigerjahre, der in den Mid-Twenties stand und noch nicht recht wusste, wohin der eigene Weg wohl führen würde, wirkte der Roman ganz ähnlich wie das Kultbuch der frühen Fünfzigerjahre auf dessen damalige Fans: Da schrieb einer über die eigene Gegenwart, über das, was große Teile der Jugend bewegte, und all dies in einer Sprache, die wohlvertraut war und sich deutlich von dem abhob, was man sonst im Deutschunterricht zu lesen bekam. Als Leserin oder Leser fiel es einem nicht schwer, sich mit der Erzählerfigur zu identifizieren, selbst wenn man sie gar nicht sympathisch fand. Man konnte aber ihre Probleme und viele in dem Roman formulierte zeittypische Gefühle nachvollziehen; denn das Buch, dem seine Kritiker Oberflächlichkeit und Markenfixierung vorhielten, verhandelt existenzielle Themen einer spezifisch jugendlichen Weltsicht: Freundschaft, Liebe, Sexualität und den Kummer damit, die Suche nach der eigenen Identität und nach einem größeren Sinn, der aus einer postpubertären Orientierungslosigkeit und Zukunftsskepsis heraushelfen könnte. Selbst wenn heutige Leser eventuell bereits einen Sachkommentar benötigen werden, um die vielen Gegenwartsbezüge und Verweise in *Faserland* (richtig) zu verstehen – die existenzielle Thematik des Romans wird sich als zeitlos erweisen.

Zudem trifft die in *Faserland* pointiert vorgetragene und teilweise ironisch überspitzte Gegenwartsdiagnose noch aus rückblickender Perspektive den Nagel auf den Kopf und amüsiert wie verstört gleichermaßen. Der Unterhaltungswert war enorm und stand gleichwertig neben den tieferen Schichten des Texts. So lohnt sich die Lektüre von Christian Krachts erstem Roman nicht nur für die Mußestunde auf dem heimischen Sofa, sondern ebenso für eine intensive Betrachtung im Schulunterricht oder im Studium.

Nicht zuletzt ist *Faserland*, auch wenn dies bei Erscheinen des Buchs noch kein Thema war, ein gutes Beispiel für eine interessante Phase der jüngeren deutschen Literaturgeschichte. Der Roman fungierte, rückblickend betrachtet, als Initialzündung für die ›Neue deutsche Popliteratur‹, die später als Literatur der sogenannten Popmoderne gefeiert, gehasst und inzwischen auch intensiv untersucht und erforscht wurde. Zahlreiche Charakteristika dieser Popmoderne finden sich schon bei Krachts Debütroman. Gleichzeitig steckt in dem Buch noch deutlich mehr. Dies liegt nicht zuletzt daran, dass der Autor es versteht, seine Leserinnen und Leser auf viele Fährten zu lenken, mit ihren Erwartungshaltungen zu spielen und sie zuweilen auch in Irritationen zu versetzen. Selten wird er explizit, stets hat man das Gefühl, auf der Hut vor ihm, seiner Schreibe oder seinen Geschichten sein zu müssen. Auch und gerade *Faserland* verweigert sich eindeutigen Lesarten und lässt offen, was an der Geschichte wahr oder erfunden oder ganz anders sein könnte: Stirbt die Hauptperson oder lebt sie fröhlich und unbekümmert ihr luxuriöses Leben weiter wie zuvor? Fühlt sich der Erzähler zum eigenen Geschlecht hingezogen oder ist das nur eines seiner Spiele? Findet überhaupt eine Reise statt oder denkt er sich alles nur aus?

Faserland ist sehr offen für Interpretationen. Die vorliegende Darstellung bietet einige mögliche an.

Als Textgrundlage dient die Taschenbuchausgabe des Romans bei dtv. Die Zitate aus dem Primärtext werden durch einfache Nennung der Seitenzahl nachgewiesen. Alle anderen Textquellen werden mithilfe von Kürzeln zitiert, die in der Auswahlbibliographie aufgeschlüsselt sind.

I Biographische und zeitgeschichtliche Einflüsse

1 Biographischer Zusammenhang

Christian Kracht stammt aus einer einflussreichen, wohlhabenden Familie, deren enge Verbindungen mit dem Bereich der Publizistik den Werdegang Krachts als Journalist und Schriftsteller als natürliche Wahl erscheinen lassen. Auch der vielseitig begabte Patenonkel Eduard Rhein (1900–1993), dessen Vornamen Kracht als Mittelnamen trägt, wird inspirierend auf seinen Patensohn gewirkt haben: Der Erfinder und begabte Geiger war selbst als Publizist tätig und spielte als langjähriger Chefredakteur der erfolgreichen Programmzeitschrift *Hörzu* eine wichtige Rolle im Imperium des Axel Springer Verlags. Dessen Geschäftsführer und Generalbevollmächtigter wiederum war lange Jahre Christian Kracht senior (1921–2011). So verwundert es nicht, dass auch Christian Kracht junior Karriere in der schreibenden Zunft machte.

Geboren wurde Christian Kracht am 29. Dezember 1966 in Gstaad, einem noblen Ferienort in der Gemeinde Saanen im Berner Oberland (Schweiz). Die Krachts schickten ihren Sohn von 1971 bis 1978 in die ausschließlich englisch- und französischsprachige John F. Kennedy International School in Saanen. Im Anschluss besuchte Christian Kracht zwei Jahre lang die Lakefield College School in Ontario, Kanada, eine 1879 gegründete Privatschule, die zu dieser Zeit eine reine Jungenschule war. Bis 1980 wurde er demnach überwiegend englischsprachig sozialisiert, weshalb er in dem privaten Elite-Internat Schloss Salem am Bodensee, das er von nun an besuchte, die neunte Klasse wiederholte. Nach ersten kleineren Veröffentlichungen während der Oberstufenzeit absolvierte Kracht

1985 das Abitur und begann ein Film- und Literaturstudium am College of Liberal Arts der Pennsylvania State University (USA), wofür er vom Dienst in der Schweizer Armee zurückgestellt wurde. 1986 wechselte er an das Sarah Lawrence College in Bronxville im Staat New York (USA). Auch hier belegte er vor allem Literatur- und Filmkurse. 1989 kehrte er in die Schweiz zurück, wo er sich für wenige Wochen als Banklehrling versuchte, bevor er in Hamburg seine journalistische Karriere bei der Zeitschrift *tempo* begann.

In den folgenden sechs Jahren arbeitete er sich vom Volontär zum Redakteur und schließlich zum Berater des Chefredakteurs hoch. Neben Besprechungen von Musikalben, Büchern oder Filmen schrieb er erste Reportagen, darunter auch Reiseberichte, auf die er sich später kaprizierte. Für einen Text über obdachlose Jugendliche in London erhielt Kracht am 2. Mai 1993 den Axel-Springer-Preis für Nachwuchsjournalisten. 1995 erschien sein Debütroman *Faserland*.

In der Folge führte der Kosmopolit Kracht ein eher unstetes Leben als Journalist und freier Autor. Seine Reiselust und sein Interesse für ferne Länder ließen sich dabei beruflich glänzend einbringen: Er arbeitete zunächst als Südostasien-Korrespondent für das Nachrichtenmagazin *Der Spiegel* und schrieb später Reisekolumnen für die *Welt am Sonntag*, welche 2000 unter dem Titel *Der gelbe Bleistift* gesammelt erschienen. Zusammen mit Eckhart Nickel veröffentlichte er schon 1998 das Reisebrevier *Ferien für immer*. Ein Jahr später folgte die als ›Avant-Pop-Reader‹ deklarierte Anthologie *Mesopotamia*, in der Kracht neben einem eigenen Beitrag Texte junger Schriftstellerinnen und Schriftsteller herausgab, unter ihnen die später als Popliteraten gehandelten Kolleginnen und Kollegen Joachim Bessing, Rebecca Casati, Rainald Goetz, Elke Naters, Andreas Neumeister, Eckhart Nickel, Ingo Niermann, Benjamin von Stuckrad-Barre und Moritz von Uslar.

Der Schriftsteller und Journalist Christian Kracht, geboren am 29. Dezember 1966 in Saanen in der Schweiz. Fotoporträt von Paul Schirnhofer vom 31. Dezember 2000.

In diesem Jahr 1999 wurde der publikums- und medienscheu wirkende Kracht, der sich gerne hinter Masken und ironischer Rede verbirgt, besonders stark in der Öffentlichkeit wahrgenommen: Er ließ sich zum einen mit Benjamin von Stuckrad-Barre für eine Werbekampagne des Modeunternehmens Peek & Cloppenburg ablichten und beteiligte sich an dem von Elke Naters und Sven Lager initiierten Internet-Projekt ›ampool‹, in dem das neue Medium der ›Netzliteratur‹ erprobt wurde; zum anderen nahm er als Teil des »popkulturellen Quintetts« (vgl. den Untertitel von *Tristesse Royale)* – neben Kracht waren das Joachim Bessing, Eckhart Nickel, Alexander von Schönburg und Benjamin von Stuckrad-Barre – am 24. und 25. April 1999 am inzwischen legendären Treffen im Berliner Hotel Adlon teil, aus dem das Gesprächsprotokoll beziehungsweise »situationistische Theaterstück« (Birgfeld/Conter 2009, S. 275) *Tristesse Royale* (1999) hervorging.

2000 hielt sich Kracht im Iran und in Tibet auf, wo große Teile seines zweiten Romans *1979* entstanden, der im darauffolgenden Jahr erschien und seit 2003 als Bühnenversion von Matthias Hartmann an verschiedenen deutschsprachigen Theaterhäusern inszeniert worden ist.

Von 2004 bis 2006 betätigte sich Kracht zusammen mit Eckhart Nickel als Herausgeber der Kulturzeitschrift *Der Freund*, die im Axel Springer Verlag erschien und sich durch eine imponierende Auswahl internationaler Autorinnen und Autoren sowie durch den Verzicht auf Werbung und Fotos auszeichnete. Im Anschluss schrieb er ein knappes Jahr lang Kolumnen für die *Frankfurter Allgemeine Zeitung*.

Während dieser Zeit reiste Kracht weiterhin viel und arbeitete zusammen mit Nickel an einem nie umgesetzten Drehbuch zu *Faserland*. Sein Leben in Asien sowie seine Studienaufenthalte in Nordkorea und Vanuatu, einem aus zahlreichen Inseln und Inselgruppen bestehenden Staat im Südpazifik (2004), oder seine Expeditionen in Afrika und Nepal (2006) schlugen sich immer wieder in literarischen Veröffentlichungen nieder: 2006 erschienen unter dem Titel *Die totale Erinnerung* eine Betrachtung von »Kim Jong Ils Nordkorea« (zusammen mit Eva Munz und Lukas Nikol) sowie *New Wave*, ein Kompendium von Texten aus den Jahren 1999 bis 2006. Unter ihnen findet sich auch ein Theaterstück über die Eroberung des internationalen Kunstmarkts *(Hubbard)*, das Kracht zusammen mit dem Schriftsteller und Unternehmer Rafael Horzon verfasste, mit dem er seit 2002 befreundet ist. An Horzons 1997 gegründeter ›Wissenschaftsakademie Berlin‹, der ersten Privathochschule Berlins, hat Kracht Vorträge gehalten.

2007 veröffentlichte Kracht zusammen mit Ingo Niermann *Metan*, das die Bedrohung des Weltatems durch Methan zum Gegenstand hat, 2009 mit Eckhart Nickel eine *Gebrauchsanweisung für Kathmandu und Nepal*.

Im März 2007 gründete Kracht als Mitstifter und Stiftungsrat die »Eiger Stiftung« (http://www.eigerstiftung.ch/), deren Zweck die Förderung von Literatur ist. Im Rahmen verschiedener Projekte arbeitete er mit anderen Künstlern wie etwa Ingo Niermann *(Die Große Pyramide)*, dem Fotografen Andreas Gursky oder dem dänisch-norwegischen Performance-Kunst-Duo Elmgreen & Dragset zusammen.

Im gleichen Jahr heiratete Kracht die Filmregisseurin Frauke Finsterwalder. Im folgenden Jahr siedelte das Paar nach Argentinien über. Ebenfalls 2008 veröffentlichte Kracht seinen dritten Roman *Ich werde hier sein im Sonnenschein und im Schatten*, für den die Stadt Wetzlar ihm 2009 den Phantastik-Preis verlieh. 2011 erschien unter dem Titel *Five Years* der erste Band des Briefwechsels zwischen Kracht und dem US-amerikanischen Dirigenten, Komponisten und Schriftsteller David Woodard, mit dem ihn seit 2004 eine enge künstlerische Freundschaft verbindet. Beide haben beispielsweise gemeinsam die Nachkommen der Kolonie Nueva Germania in Paraguay besucht, weshalb es nicht verwundert, dass Krachts vierter Roman *Imperium* (2012) eine Aussteigergeschichte erzählt, die in Deutsch-Neuguinea, einer wilhelminischen Kolonie in der Südsee, spielt.

Neben seiner schriftstellerischen Tätigkeit hat Kracht nicht nur seine Romane *Faserland* und *1979* als Hörbuch eingelesen, sondern wurde auch als Sprecher für andere Audiobook-Produktionen, beispielsweise die *Asiatischen Reisenotizen* des Sobhraj Quartetts (2004), *Das Jagdgewehr* von Yasushi Inoue (2005), Truman Capotes *Breakfast at Tiffany's* (2007) oder *Weiße Nacht* von David Schalko (2010), engagiert.

Christian Kracht versteht es, einen rätselhaften Mythos um seine Person zu etablieren. Lange Zeit existierten beispielsweise nur sehr wenige autorisierte Fotos von ihm. Im Kontrast zu seinem durch den exakten Scheitel und die konservative Kleidung eher traditionell-eleganten Erscheinungsbild, das ihn als Dandy der ›Jeunesse dorée‹ (eleganten Jugend der oberen Kreise) der Neunzigerjahre inszeniert, geben in seinen Publikationen veröffentlichte Fotos durch ihre provozierenden Motive Rätsel auf: So ziert das Buch *Der gelbe Bleistift* ein Foto von Kracht, auf dem er fein gekleidet auf einem Teppich sitzt und Sitar spielt. Auf dem Schutzumschlag des Sammelbands *Mesopotamia* wiederum präsentiert er sich mit einer AK-47, die er in Popstar-typischer Pose wie eine Gitarre hält. Das Foto, das nach Auskunft von Christian Kracht in der Nähe von Phnom Penh aufgenommen wurde, lässt an ein in *Faserland* beschriebenes Foto denken, das den Freund des Ich-Erzählers in ähnlichem Arrangement in Afghanistan darstellt: »Er trägt so ein Tuch um den Kopf geschlungen und steht vor einem Gemüselaster und grinst. Neben ihm steht ein Mudjahedin, der seine Kalaschnikow hochhält, und Alexander hat den Arm um ihn gelegt« (S. 68).

Eine literarische und damit natürlich viel eher fiktionale als realitätsgerechte Darstellung des Autors Kracht findet sich in Benjamin von Stuckrad-Barres autobiographisch inspirierter Erzählung *Livealbum*, in deren Mittelpunkt ein gemeinsamer Auftritt der beiden befreundeten Schriftsteller im Rahmen einer Lesereise steht. Die Vorbereitungen für diese »Show #7« sind geprägt durch den ungehemmten Drogenkonsum der beiden Protagonisten:

> Ich war bizarr gelaunt und pfefferte die beiden dann ja doch nicht mit Katja Riemann eingeworfenen Pillen auf den Rauchglastisch meines in »Raum für strategische Planung und Künstlerbetreuung« umbenannten Hotelzimmers. Wenn das so sei, sagte Kracht und stellte eine Vizir-

> Umweltkugel, gestrichen voll mit Kokain, daneben. Eigentlich mußte nur noch eine Frage geklärt werden: WANN sollten wir mit der Einnahme beginnen?
> – Hmhmhm, sagte ich und begann, zwei Linien auszustreuen. Vielleicht schon bald?
> – Ganz gewiß, beschied Herr Kracht. (*Livealbum*, S. 118)

Die anschließende, an Hardrockszenarien angelehnte Lesung gerät unter diesen Voraussetzungen nach einem fulminanten Auftakt immer mehr aus den Fugen:

> Wir lasen und unterhielten uns. Das Publikum magischerweise gleich mit. Dann wurde Kracht immer stiller, und ich redete und redete, sah aufmunternd zu ihm rüber, doch er döste, rauchte und bot das Ebenbild einer buddhistischen Bronzeplastik. Und ich redete. Mein Kiefer befand sich in beachtlicher Schräglage, doch ich mußte uns ja retten. […] Kracht stand auf und wanderte in kleinen Schritten hinter mir auf und ab, setzte sich wieder und kaute auf einer Sonnenblume herum. Wenn ich ihn ansprach, antwortete er nicht, begann bestenfalls, wahllos zu lesen, brach unvorhersehbar ab und rauchte wieder. Die Menschen dachten wohl, wir hätten uns eine charmante Rollenverteilung ausgedacht und meuterten nicht. (*Livealbum*, S. 124 f.)

Dass diese fiktionale Begebenheit zumindest einen wahren Kern haben muss, zeigt sich in verschiedenen Schilderungen von öffentlichen Auftritten Krachts, etwa durch Kolja Mensing (Seelandschaft mit Stuckrad-Barre, *die tageszeitung*, Ausgabe vom 5. April 2000) oder Jan Kaiser. Letzterer beschreibt eine Podiumsdiskussion mit Kracht und anderen Autorinnen und Autoren von *Mesopotamia* beim Göttinger Literaturherbst:

> In der Mitte residiert Kracht, der Herausgeber, in grauem Zwirn. Er sieht aus wie ein reicher Buchhalter und raucht wie eine Frau. Spitzfingrig, angewinkelt. Etwas anderes tut er den ganzen Abend eigentlich nicht. [...] »Christian soll auch mal was sagen!« brüllt einer in der Hörerschaft. Aber der winkt ab, cool erkaltet, regungslos, immerzu rauchend. Zwanzig Zigaretten müssen es jetzt schon sein, wenn nicht dreißig. Seit drei Stunden steht die blaue Dunstsäule über ihm. Als würde sein teurer Anzug brennen. (Viel Schall und noch mehr Rauch, *Süddeutsche Zeitung*, Ausgabe vom 26. Oktober 1999, S. 19)

Auch die Show von *Livealbum* eskaliert zusehends und endet in einem skurrilen Finale:

> Ich stand auf, um mir hinter der Bühne rasch eine Portion kaltes Wasser gegen die Stirn zu schmettern. Dort traf ich den inzwischen stark angetrunkenen Veranstalter mit einer Flasche Kirschlikör in der Hand. Aus seinen Hosentaschen fielen Zehnmarkscheine, und er sagte, wir müßten nicht mehr, wenn wir nicht mehr könnten. Ah, ja? Aaah! Jaaa! Voll Freude sprang ich zurück auf die Bühne, um auch Kracht von der süßen Frucht der Erkenntnis kosten zu lassen, da fand ich ein unglaublich albernes Auditorium vor. Mein Weggefährte stand am Bühnenrand und warf die Sonnenblumen in die stehende, klatschende, jackenzumachende, aufbrechende Menge. Durch mein Ansteckmikrophon war der Vorschlag des Veranstalters, bald aufzuhören, in stereo zum Publikum gelangt, Kracht hatte in dem Moment wohl geraucht oder geschlafen, und das Publikum lobte beim anschließenden Signieren vor allem diese Schlußpointe, das sei natürlich wirklich sehr überraschend und lustig gewesen (*Livealbum*, S. 126).

Benjamin von Stuckrad-Barre (geboren 1975).

Am nächsten Morgen, erfährt man zuletzt, aß Kracht beim Frühstück »17 Kiwis, trank eine Bloody Mary, goß sogar Tabasco in seinen Kaffee und beschwor die heilende Wirkung dieses Arrangements. In solchen Dingen war er tief gläubig.« (*Livealbum*, S. 132)

Skurrile Statements wie diese passen zu den seltenen öffentlichen Auftritten und zunehmend kryptisch-ironischen Interviews des Schriftstellers, in denen er sich einen Spaß zu machen scheint, seine Gegenüber von Jahr zu Jahr mehr zu befremden und unterhaltsamen Unsinn zu erzählen, ohne sein wahres Gesicht zu zeigen. In einem Gespräch anlässlich des Erscheinens von *Faserland* (Walter 1995) beteuert Kracht zwar, dass er nicht gerne Interviews gibt, spricht dann aber relativ frei und konkret über die Bedeutung des Titels des Romans, den Wiedererkennungseffekt, den seine Schilderungen bei der Generation der Endzwanziger auslösen (»Wenn mich Leute zwischen 24 und 30 ansprechen, dann meist nur, weil sie viele Sachen wiedererkennen, zum Beispiel das ›Grünofant‹-Eis. So Leute, die 1982 fünfzehn Jahre alt waren.«), seine literarischen Vorbilder (»Bowles, Fitzgerald, Lowry, Salinger, Evelyn Waugh. Nee, eigentlich nur Bowles und Fitzgerald und Waugh.«) und den Wahrheitsgehalt mancher Episoden des Romans (Die »Party im zweiten Kapitel in Hamburg [...] hat wirklich stattgefunden, 1992 in einer Wohnung im Grindelhof. Es war die legendärste Party aller Zeiten.«). Doch schon hier zeugen typische wiederkehrende Aussagen – die zelebrierte Abneigung gegen Busfahrer, der Ekel vor Berlin und die Vorliebe für Hamburg – von Krachts zur Schau getragener Exzentrizität und seinem betonten Snobismus: »Der bevorstehende Verfall eines Wertesystems oder einer Gesellschaft kündigt sich immer durch das massenhafte Entstehen sauschlechter Alltagsästhetik an.« »Man kann und darf jemanden, den man nicht kennt, nur über die Oberfläche und über das Aussehen beurteilen. Alles andere wäre arrogant und vermessen«. »Die Politik interessiert mich aber nicht wirklich. Ich habe nur Sorge, wenn Politiker nicht mehr so sexy aussehen wie Brandt und Gysi, sondern wie Rudolf Scharping.« (Walter 1995)

Drei Jahre später kokettiert Kracht in einem gemeinsamen Interview mit Eckhart Nickel damit, »aus Unfähigkeit« als *Spiegel*-Korrespondent gekündigt worden zu sein, oder mit seinen Erfahrungen hinsichtlich verschiedener verschreibungspflichtiger Beruhigungs- beziehungsweise Aufputschmittel: »NICKEL: Prozac heißt in Deutschland ja Fluctin. / KRACHT: Aber Prozac klingt irgendwie schöner. Prozac, das hat was.« (Wehlings/Mocek 1998) So wie er sich bereits früher gegen das Stilmittel der Ironie verwahrt hat – »Der Roman *[Faserland]* ist nicht ironisch geschrieben. Ich mag keine Ironie und schreibe auch nicht mit diesem Stilmittel.« (Walter 1995) –, weigert er sich hier gegen den Versuch, in seinem Schreiben eine »Haltung« erkennen zu wollen: »Aber das ist doch keine Haltung, das ist doch die Wahrheit. Wir schreiben alles nur so auf, wie es wirklich ist.« Scheinbar selbstkritisch beschließt er das Gespräch mit der Mahnung an seinen Co-Autor, sich das Interview »unbedingt vorlegen [zu] lassen«, denn: »Wir kommen da als ganz, ganz große Arschlöcher weg.« (Wehlings/Mocek 1998)

Im Laufe der Jahre werden Krachts Aussagen immer rätselhafter und immer weniger fassbar, was die Gesprächspartner vor immer größere Probleme stellt. Christoph Amend und Stephan Lebert, die Kracht im Jahr 2000 für den *Tagesspiegel* (Berlin) interviewen, sehen sich während des Gesprächs mehrfach veranlasst, nachzufragen (»Entschuldigung, wir verstehen Sie nicht.«; »Verstehen wir Sie richtig?«), und erhalten zumeist dennoch keine oder nur ausweichende Antworten:

> KRACHT: Ich glaube nicht, dass ich so etwas gesagt habe.
> TAGESSPIEGEL: Es steht auf Seite 156 in »Tristesse Royale«.
> KRACHT: Mmmh, wie habe ich das denn gemeint? [...]
> KRACHT: Ach, fragen Sie mich doch bitte etwas anderes.
> TAGESSPIEGEL: Wir versuchen Sie nur zu verstehen.
> KRACHT: Hmm. [...]
> KRACHT: Diese Frage ist mir zu intim.

Schon Krachts Eingangsstatement, dass er nervös sei, da er »noch nie ein Interview gegeben habe«, gibt den Ton vor. Zu diesem Zeitpunkt seiner Karriere hatte Kracht die Irritationsmomente seiner Auftritte bereits perfektioniert: Er erscheint statt im gewohnten edlen Zwirn in kurzen Hosen und Bundeswehrparka, was er mit den Worten kommentiert: »Für kurze Hosen ist es ja hier in München eigentlich zu kalt, deshalb der Parka.« Kracht gibt zu, dass seine »zuweilen kryptischen Äußerungen« es leicht machen, ihm vieles anzudichten: »Da haben Sie Recht, die Projektionsfläche ist sehr weit offen: Pädophilie, Nazis, Heroin, Satanismus, alles.« Weil das Sprechen über Inhalte seiner Meinung nach »zum Scheitern verurteilt« sei, hält er nur mehr das »Sprechen um der reinen Unterhaltung willen« für möglich: »Vortäuschen, verstecken, Unsinn erzählen, das sind alles Mechanismen, die noch gut funktionieren.« Sich selbst hält er für einen schlechten Journalisten, den »schlechteste[n] von allen, zum Glück«, denn »Journalisten in Deutschland dürfen ja eins nicht: interessant schreiben« (Amend/Lebert 2000).

Auch im Interview mit der *Frankfurter Allgemeinen Sonntagszeitung* anlässlich des Erscheinens seines zweiten Romans *1979* gelingt es Kracht, die beiden Journalisten Edo Reents und Volker Weidermann in die Fassungslosigkeit zu treiben, indem er beispielsweise dem Taliban-Führer Mullah Omar »vollen Respekt« zollt, weil es keine Bilder von ihm gibt, und gleichzeitig für ein »radikales, islamisches Bilderverbot« plädiert. Kracht hat seinen Ästhetizismus in *1979* auf die Spitze getrieben, indem er auch die islamische Revolution im Iran lediglich anhand der Bilder, die sie erzeugte, beurteilt. Die empörten Nachfragen der Journalisten nach »Inhalte[n], Politik und Moral« pariert Kracht mit dem Beharren darauf, dass »schlechte Form an vielem schuld« und ein »gutes Buch [...] immer moralisch« sei (Reents/Weidermann 2001). Er betont jedoch vor allem, dass er die von ihm erzählten Geschichten »lustig« findet: »Ich habe beim Schreiben immer laut lachen müssen, weil ich dachte, so einen Kitsch kann man jetzt nicht wirklich ernsthaft hinschreiben.« Da in seinen Romanen alles »so grotesk überhöht und camp« (vgl. S. 95 dieses Bands) sei, sieht er selbst das im Vergleich zu *Faserland* in seinem Grauen noch gesteigerte und radikalisierte *1979* als »light entertainment« an (Reents/Weidermann 2001).

2 Zeitgeschichtlicher Hintergrund

Christian Krachts *Faserland* ist als Momentaufnahme einer bundesrepublikanischen (Jugend-)Kultur in der Mitte der 1990er-Jahre zu sehen und vor dem Hintergrund der damaligen Zeit- und Kulturgeschichte zu verstehen.

Die Neunziger begannen verheißungsvoll mit einer Zäsur historischen Ausmaßes: Nach dem unerwarteten Fall der Mauer am 9. November 1989 wurde im Oktober 1990 die deutsche Einheit gefeiert. Der Kalte Krieg, der fast 50 Jahre lang Europa und die Welt beherrscht hatte, endete mit dem Sieg des Kapitalismus über den Kommunismus. Die alliierten Besatzungsmächte verließen bis 1994 das wiedervereinte Deutschland. Die Auflösung des ehemaligen Ostblocks und die Gemeinschaftsbestrebungen der westeuropäischen Staaten sorgten für eine geographische wie politische Neuordnung Europas: Während im Osten ein Dutzend neue Republiken entstanden, wurde gleichzeitig durch die Schaffung eines gemeinsamen europäischen Binnenmarkts das Ende des Nationalstaats eingeläutet. Dem Schengener Abkommen und den Maastricht-Verträgen von 1993 folgten die Liberalisierung des Handels, des Geld- und des Kapitalverkehrs sowie 1999 die Einführung der gemeinsamen Währung Euro.

Deutschland festigte zu dieser Zeit seine Führungsposition in Europa. Passend dazu feierte die deutsche Fußballnationalmannschaft 1990 ihre dritte Weltmeisterschaft, Michael Schumacher startete seine Siegesserie als Formel 1-Pilot (1994 und 1995) und Jan Ullrich gewann 1997 die Tour de France.

Die Euphorie zu Beginn des Jahrzehnts war also groß und unbekümmert tanzte die ›Erlebnisgesellschaft‹ (der Begriff wurde 1992 von dem Bamberger Soziologen Gerhard Schulze geprägt) in eine Dekade, die auch im Rückblick vor allem durch ihre Sorglosigkeit, ihren Hedonismus (ihr Genussstreben), ihre Dekadenz und nicht zuletzt den in ihr omnipräsenten Pop bestimmt und charakterisiert ist. Das Erstarken des Privatfernsehens trug mit Trash-TV im Stil der voyeuristischen Spielshow *Tutti Frutti*, amerikanischen Serien wie *Beverly Hills 90210* oder *Baywatch*, banalen Daily Soaps, der Etablierung von »Comedy« und entblößenden Talkshows seinen Teil zur vielbeschriebenen Oberflächlichkeit der sogenannten Spaßgesellschaft bei. Auch die Trendsportarten des Dezenniums zeichneten sich durch ihren Fun-Faktor und weniger durch das Streben nach Sieg aus: Beim Paragliding, Bungee-Jumping, Drachenfliegen oder Rafting wurde die körperliche Betätigung zusammen mit einem Hauch von Gefahr zum integralen Bestandteil des Amüsierbetriebs. Als stylishe Fortbewegungsmittel etablierten sich Snowboards und Inline-Skater.

Neue Musikströmungen, allen voran Techno und Dance, aber auch deutschsprachiger Hip-Hop sowie Boygroups beziehungsweise ihre weiblichen Pendants oder Schlager, die ein enthusiastisches Revival erfuhren, propagierten lustvolle Feierlaune. Selbst die traurigen und düsteren Töne der Grunge-Bewegung zu Beginn des Jahrzehnts dämpften die positive Aufbruchstimmung nicht, denn die hier zur Schau getragene Rebellion gegen die Leistungsgesellschaft diente vielen Anhängerinnen und Anhängern dieser später in Independent oder Cross-over übergehenden Musikrichtung vorrangig als Baustein eines alternativen Stils, zu dem Holzfällerhemden, DocMartens-Schuhe und zerrissene Jeans gehörten. Solche modischen Ausprägungen fungierten als jugendkulturelle Distinktionsmittel gegenüber sogenannten Girlies oder Techno-Jüngern, die mit wachsender Begeisterung auf der alljährlichen Love-Parade einen bunten und exzessiven Körperkult zelebrierten, durch den Piercings und Tattoos salonfähig wurden.

Jugendkultur wurde zunehmend zu einem Podium der Individualisierung. Die traditionellen politischen Klassen und Schichten wandelten sich zu Milieus und Szenen mit ihren je eigenen Codes, Regel- und Zeichensystemen. Diese signalisierten Zugehörigkeit und generierten sowie transportierten Bedeutungen. Aus der vertikalen Hierarchie der traditionellen gesellschaftlichen Schichtung wurde so ein horizontales Nebeneinander. Die Alltags- und Lebenswelt der Jugend, welche nun in jüngeren Jahren begann und erst deutlich später endete als in den vorhergehenden Generationen, erfuhr eine umfassende Bejahung. Gleichzeitig wurde den Jugendlichen der Neunziger ihr Desinteresse an Politik, das Ausbleiben der jugendtypischen Rebellion, das Fehlen von Idealen, Utopien und gesamtgesellschaftlichen Anliegen vorgeworfen. Verwöhnt durch das sorglose Aufwachsen als Wohlstandserben in einer Zeit ohne Krieg galten sie zeitkritischen Beobachtern als konsumfreudig, oberflächlich, anpasst und irritierend konservativ.

Doch schon der Widerspruch zwischen dem Ideal eines heilen Familienlebens, das für die Jugend der 1990er an oberster Stelle stand, und dem durch den Zwang zu beruflicher Mobilität bedingten signifikanten Anstieg der Single-Haushalte in Deutschland signalisiert exemplarisch, dass es in der Bundesrepublik der Neunzigerjahre bei Weitem nicht so unbekümmert zuging, wie es angesichts der Partys von Mallorca und Ibiza erscheinen mochte:

Die Arbeitslosenquote überstieg 1994 die Vier-Millionen-Grenze. Schon zuvor vergifteten Fremdenhass und Ausländerfeindlichkeit das gesellschaftliche Miteinander. Die Brandanschläge auf zwei von türkischen Familien bewohnte Häuser im schleswig-holsteinischen Mölln im Jahre 1992 sowie 1993 auf ein Zweifamilienhaus in Solingen markierten schreckliche Höhepunkte dieser Entwicklung. In Solingen kamen zwei

Frauen und drei Mädchen türkischer Abstammung in den Flammen ums Leben. – Die Bundeswehr wurde erstmals nach dem Zweiten Weltkrieg zu (Kampf-)Einsätzen ins Ausland geschickt und nahm an UNO- beziehungsweise NATO-Missionen in Kambodscha (1992), Somalia (1993), Bosnien (1995) und im Rahmen des Kosovokriegs (1999) teil. Die Privatisierung der Bahn 1993 und der Börsengang der Deutschen Telekom 1996 brachten nicht den erhofften Erfolg. Der Kurssturz an der Börse im Jahr 1997 kündigte den New Economy-Crash an und demonstrierte, wie riskant der Neue Markt war. Die verbreitete Überzeugung, dass dieser eine Geldmaschine sei, war eine Folge der Medien- und Informationsrevolution, die sich während dieses Jahrzehnts fortsetzte: Der Heimcomputer wurde eine ebensolche Selbstverständlichkeit wie Musik im Format MP3. Audio- und Videokassetten wurden von CDs und DVDs abgelöst. Schon 1992 wurde die erste SMS versendet, die E-Mail setzte sich dank der rasanten Verbreitung des Internets als Kommunikationsmedium durch.

Seit der Implosion von Utopien und Ideologien am Ende der Ära des Kalten Kriegs lassen sich also viel Fortschritt, aber damit verbunden auch viel Verunsicherung und Unübersichtlichkeit beobachten: In der globalisierten, umfassend vernetzten Welt wurde das Private immer öffentlicher, das Primat der Ökonomie sowie die Macht der Medien immer stärker.

Dies mobilisierte Ende der Neunzigerjahre erste Kritiker, die sich beispielsweise in der Attac-Bewegung sammelten. Gleichzeitig erstarkte eine Umweltbewegung, die sich etwa auf den Gipfeln von Rio (1992) und Kyoto (1997) um Lösungen gegen die Klimaerwärmung bemühte.

Diesem neuen Bewusstsein war zum Teil auch der Regierungswechsel im Jahr 1998 geschuldet: Helmut Kohl, der dienstälteste Kanzler der Bundesrepublik, wurde abgewählt und stolperte im Nachhinein über die Spendenaffäre seiner Partei, während erstmals eine Öko-Partei mit die Geschicke des Landes lenkte und sich zusammen mit einem sozialdemokratischen Kanzler unter anderem für den Atomausstieg und homosexuelle Lebensgemeinschaften einsetzte. Indem die neue Koalition 1999 von Bonn in den Berliner Reichstag umzog, realisierte sie auch räumlich die »Berliner Republik«. Diese Bezeichnung stand für die starke Stellung Deutschlands innerhalb Europas und das neue Selbstverständnis der Deutschen, welches sich durch einen selbstbewussteren Nationalismus auszeichnete, in dem auch das Bestreben laut wurde, einen Schlussstrich unter die Debatte über die Rolle der deutschen Bevölkerung im Nationalsozialismus zu ziehen. Symptomatisch dafür ist neben den Diskussionen um die Wehrmachtsausstellung (1995) und Daniel Goldhagens Buch *Hitler's Willing Executioners* (*Hitlers willige Vollstrecker*, 1996) die sogenannte Walser-Bubis-Kontroverse: Der 1927 geborene Schriftsteller Martin Walser hielt am 11. Oktober 1998 in der Frankfurter Paulskirche als Preisträger des Friedenspreises des Deutschen Buchhandels eine Dankesrede, in der er von einer Instrumentalisierung des Holocausts sprach und sich gegen die »Dauerpräsentation unserer Schande« mit den Worten wehrte: »Auschwitz eignet sich nicht dafür, Drohroutine zu werden, jederzeit einsetzbares Einschüchterungsmittel oder Moralkeule oder auch nur Pflichtübung.« Der Zentralratsvorsitzende der Juden in Deutschland, Ignatz Bubis (1927–1999), warf Walser daraufhin »geistige Brandstiftung« vor. In seiner Rede anlässlich des 60. Jahrestags der ›Reichspogromnacht‹ bezeichnete er Walsers Rede als Versuch der Verdrängung von Geschichte und der Auslöschung von Erinnerung. Es folgte eine lange und heftige Debatte über Schuld und Schande, Erinnern, Verdrängen und Gedenken – Fragen, die sich bereits durch Christian Krachts *Faserland* ziehen.

Jeder kennt unsere geschichtliche Last, die unvergängliche Schande, kein Tag, an dem sie uns nicht vorgehalten wird. Könnte es sein, daß die Intellektuellen, die sie uns vorhalten, dadurch, daß sie uns die Schande vorhalten, eine Sekunde lang der Illusion verfallen, sie hätten sich, weil sie wieder im grausamen Erinnerungsdienst gearbeitet haben, ein wenig entschuldigt, seien für einen Augenblick sogar näher bei den Opfern als bei den Tätern? [...] Ich habe es nie für möglich gehalten, die Seite der Beschuldigten zu verlassen. Manchmal, wenn ich nirgends mehr hinschauen kann, ohne von einer Beschuldigung attackiert zu werden, muß ich mir zu meiner Entlastung einreden, in den Medien sei auch eine Routine des Beschuldigens entstanden. Von den schlimmsten Filmsequenzen aus Konzentrationslagern habe ich bestimmt schon zwanzigmal weggeschaut. Kein ernstzunehmender Mensch leugnet Auschwitz; kein noch zurechnungsfähiger Mensch deutelt an der Grauenhaftigkeit von Auschwitz herum; wenn mir aber jeden Tag in den Medien diese Vergangenheit vorgehalten wird, merke ich, daß sich in mir etwas gegen diese Dauerpräsentation unserer Schande wehrt. Anstatt dankbar zu sein [...], fange ich an wegzuschauen. Wenn ich merke, daß sich in mir etwas dagegen wehrt, versuche ich, die Vorhaltung unserer Schande auf Motive hin abzuhören und bin fast froh, wenn ich glaube, entdecken zu können, daß öfter nicht mehr das Gedenken, das Nichtvergessendürfen das Motiv ist, sondern die Instrumentalisierung unserer Schande zu gegenwärtigen Zwecken. Immer guten Zwecken, ehrenwerten. Aber doch Instrumentalisierung. [...] Was durch Ritualisierung zustande kommt, ist von der Qualität des Lippengebets. Aber in welchen Verdacht gerät man, wenn man sagt, die Deutschen seien jetzt ein ganz normales Volk, eine ganz gewöhnliche Gesellschaft?

Martin Walser in seiner Dankesrede zur Verleihung des Friedenspreises des Deutschen Buchhandels am 11. Oktober 1998

3 Entstehungsgeschichte

Über die Entstehungsgeschichte von *Faserland* ist nicht viel bekannt. Angeblich schlug der Lektor Helge Malchow, der sich in der Folge einen Namen als Entdecker neuer deutscher ›Popliteraten‹ machte, dem damaligen *tempo*-Redakteur Christian Kracht via Postkarte vor, ein Buch bei Kiepenheuer & Witsch zu veröffentlichen (vgl. Birgfeld/Conter 2009, S. 274). Zu dieser Zeit suchte der Verlag für seine ›KiWi‹-Reihe bewusst neuartige, junge Texte und verhalf dadurch später auch Journalisten wie Benjamin von Stuckrad-Barre und anderen ›Popliteraten‹ zum Durchbruch.

Christian Kracht selbst erzählt in einem Interview mit Guido Walter: »Ich hab einfach so mal losgeschrieben. Meistens nach der Arbeit, auf den Grafik-Computern hinten in der ›Tempo‹-Redaktion.« (Walter 1995)

Jörg Burger hingegen stellt sich die Geschichte in seiner in der *Süddeutschen Zeitung* erschienenen Besprechung des Romans (»Faktenhuber auf Selbsterfahrungstrip«, Ausgabe vom 15. Mai 1995) folgendermaßen vor:

> Es war einer jener grauen Herbsttage, die Hamburger verzweifeln lassen. Wahrscheinlich regnete es, wie so häufig im Oktober, und die Elbe schob sich dreckig braun vor dem Bürofenster vorbei. Da beschloss Christian Kracht, sein Leben zu ändern: Er kündigte den Job, räumte den Schreibtisch leer und kaufte ein Flugticket ans Ende der Welt. In Kalkutta stieg er aus dem Flieger und bemerkte gleich, dass es überall komisch roch. Deshalb blieb er nur drei Wochen. Im westindischen Aussteiger-Paradies Goa hielt er es noch schlechter aus: Im Grunde war alles furchtbar langweilig, ärgerte sich Kracht. Über Sri Lanka und Thailand floh er nach Vietnam, das für eine Weile seine

»Na ja, eigentlich war das ja so, daß er sich nur Berry leisten konnte, und ich, da ich natürlich immer mehr Geld hatte, habe uns dann jedesmal Grüno-fant gekauft. Das haben wir immer in den Dünen gegessen.« (S. 76 f.)
Werbung der Firma Langnese aus dem Jahr 1975.

Gnade fand – hier schmeckte immerhin das Bier. Die öde Reise hat sich nur aus einem Grund gelohnt: Christian Kracht hat in den Hotelzimmern Südostasiens ein Buch geschrieben (*Faserland*, Kiepenheuer & Witsch). Darin geht es um nichts anderes als um die Nöte des Ausreißers: ums Fortgehen und nie Ankommen, um die Flucht vor dem Leben und die Suche nach dem Ich.

II Inhaltsangabe

In *Faserland* wird die Reise eines jungen, wohlhabenden Mannes quer durch Deutschland bis in die Schweiz beschrieben. Er sucht als namenloser Erzähler mehr oder weniger zufällig verschiedene Städte und Orte auf, in denen er auf ihm bekannte oder auch unbekannte Personen trifft, mit denen er in der Regel viel Alkohol und Zigaretten konsumiert. Regelmäßig gelangt er dabei in ihm äußerst unangenehme Situationen, denen er sich fluchtartig entzieht, indem er seine Reise fortsetzt. Diese führt ihn letzten Endes an den Schweizer Zürichsee, wo er das Grab von Thomas Mann sucht und sich schließlich mit einem Boot in die Mitte des Sees rudern lässt. Neben den Reiseerlebnissen nehmen Erinnerungen, Gedanken und Assoziationen des Ich-Erzählers einen großen Teil des Romans ein.

Kapitel EINS: Sylt (S. 13–23)

Die Erzählung beginnt an einem der nördlichsten Punkte Deutschlands, an der berühmten »Gosch«-Fischbude in List auf der Insel Sylt. Hier isst der Erzähler Scampi und trinkt ein Bier. Er hat gerade seine alte Bekannte Karin wiedergetroffen, die er aus Schultagen im Internat Salem kennt und von der er angetan ist. Beide unterhalten sich und beschließen, zu einer Kneipe namens »Odin« im Ort Kampen zu fahren. Auf dem Weg dorthin holen sie an dem Strandabschnitt »Buhne 16« zwei Freunde von Karin, Sergio und Anne, ab.

Das »Odin« erreichen sie bereits relativ angetrunken und der Erzähler sowie Karin verlassen das Lokal bald wieder, um zur »Kupferkanne« weiterzufahren. Dort angekommen, setzen sie sich auf einen Hügel vor dem Restaurant, wo sie Champagner trinken und sich küssen. Als Karin den Vorschlag macht, sich am nächsten Abend wiederzutreffen, und anschließend davonfährt, ärgert sich der Erzähler darüber, dass sie seine Mitteilung, er werde die Insel am nächsten Tag verlassen, schon wieder vergessen hat. Er bleibt allein zurück und beschließt, nie wieder nach Sylt zu kommen.

Während dieser Geschehnisse erinnert sich der Erzähler immer wieder an Erlebnisse und Erfahrungen, die er als Kind auf Sylt machte: Den Geruch des Meeres und der Holzbohlen, auf denen sie die Düne überqueren, assoziiert er mit der Vorfreude, das Meer zu sehen. Der Haarflaum auf Karins Arm lässt ihn an die Freundschaft zu einem Mädchen denken, mit dem er am Strand von Kampen lag und Sandburgen baute. Er rekapituliert auch ein Geheimnis, welches den Kindern, die früher auf Sylt Urlaub machten, erzählt wurde: Vor 200 Jahren habe eine große Sturmflut einen Teil der Insel mitsamt einer ganzen Stadt verschlungen und man könne heute noch bei Westwind deren Kirchturmglocken hören, die zum Gebet läuteten. Er muss aber auch daran denken, dass er als Kind in den letzten deutschen Bunkern bei Westerland gespielt hat, bevor sie gesprengt wurden, dass im Krieg auf Sylt die Flak stand und danach die Engländer hier stationiert waren und dass zur Zeit des Nationalsozialismus Reichsmarschall Göring ebenfalls seinen Urlaub auf Sylt verbrachte und bei einer dieser Gelegenheiten seinen Dolch in den Dünen verlor, den ein junger Bauer namens Boy Larsen wiederfand.

Kapitel ZWEI: Hamburg (S. 24–47)

Ohne Karin noch einmal gesehen zu haben, fährt der Erzähler am nächsten Tag mit dem Abendzug nach Hamburg. Während der Fahrt durch die norddeutsche Ebene erinnert er sich daran, als zehnjähriger Junge gerne den Kopf aus dem Zugfenster gestreckt zu haben, wobei er sich vorstellte, vom zerstäubten Urin anderer Fahrgäste, das der Fahrtwind unter dem Zug hervorwirbelt, getroffen zu werden.

Im Speisewagen trinkt er einige Gläser Rotwein, bis sich ein ihm unangenehmer Mann an seinen Tisch setzt und ihn durch seine Gegenwart veranlasst, auf die Zugtoilette zu fliehen. Während er hier raucht, fällt ihm auf, dass die Exkremente der Zuggäste heutzutage nicht mehr auf den Gleisen landen. Er meint gelesen zu haben, dass sich in früheren Zeiten Menschen, die unter einer Eisenbahnbrücke bei Kassel lebten, darüber beschwerten, von Ausscheidungen getroffen zu werden. Gleichzeitig behauptet er, dass es auch Beschwerden von Leuten in Belgien oder Luxemburg gab, die unter einer Brücke wohnten, welche häufig zum Suizid genutzt wurde.

In Hamburg angekommen, nimmt er sich ein Taxi nach Pöseldorf, wo Nigel, ein alter Freund von ihm, eine Wohnung hat. Die Fahrt veranlasst ihn zu grundlegenden Gedanken über den Sozialcharakter seines Taxifahrers: Er unterstellt diesem, ihm seinen Wohlstand zu neiden, und degradiert ihn aufgrund seiner Frisur und der Aufkleber an seinem Armaturenbrett zum Angehörigen einer anderen ›Klasse‹, der nicht verstehen könne, wie verkommen die Welt sei. Eine scheinbare Gemeinsamkeit entlarvt der Erzähler schnell als gravierenden Unterschied: Was er an Demonstrationen, an denen der Taxifahrer seiner Überzeugung zufolge teilnimmt, liebt, ist nicht das Gefühl, etwas verändern zu können, sondern der Moment, in dem es zu gewaltsamen Auseinandersetzungen zwischen den Demonstranten und der Polizei kommt.

Im Treppenhaus von Nigel weckt der Geruch von Bohnerwachs im Erzähler Erinnerungen an seine erste Liebe: Als Sechzehnjähriger war er bei den Eltern seiner Freundin zum Abendessen eingeladen gewesen. Es gelang ihm, einen guten Eindruck zu hinterlassen. Er wurde aufgefordert, im Gästezimmer zu übernachten. Weil er jedoch zu viel Wein getrunken hatte, übergab und entleerte er sich dort im Schlaf. Voller Scham floh er und sah seine Freundin nie wieder.

Nigel nimmt ihn mit zu einer Party, wo der Erzähler Anne wiedersieht, die er schon am Vortag auf Sylt getroffen hat. Sie beachtet ihn nicht. Der Erzähler registriert etwas eifersüchtig, dass sie in ein Gespräch mit dem Journalisten Jürgen Fischer vertieft ist. Schmollend zieht er sich zurück und mischt sich unter die Partygäste, von denen viele merklich unter Drogeneinfluss stehen. Als er einer farbigen, gut aussehenden Frau hinterhergeht, trifft er wieder auf Nigel, der ihn dazu überredet, zusammen mit ihm und einem weiteren Partygast eine Pille einzunehmen. Sehr betrunken und berauscht begegnet der Erzähler einem Mädchen, das ihn ausgesprochen fasziniert. Sie flirten miteinander und er folgt ihr ins Badezimmer. Doch bevor sie sich näherkommen können, übergibt sie sich in die Badewanne. Dieser unangenehmen Situation entflieht der Erzähler abermals. Ärgerlich, dass er Nigel nicht mehr entdecken kann, fährt er mit einem Taxi zurück zu dessen Wohnung.

Kapitel DREI: Von Hamburg nach Frankfurt (S. 48–64)

In Nigels Wohnung, zu der er einen eigenen Schlüssel besitzt, vernimmt der Erzähler aus dessen Schlafzimmer seltsame Geräusche. Neugierig schaut er hinein und entdeckt seinen Freund, der mit der farbigen Frau und dem anderen Partygast Sex hat. Völlig vor den Kopf gestoßen, schlägt er die Einladung der Frau, sich zu ihnen zu gesellen, aus und ergreift die Flucht. Den Wohnungsschlüssel lässt er zurück. Er nimmt ein Taxi zum Flughafen, wo er ein Ticket nach Frankfurt ersteht. Dabei erinnert er sich daran, wie er als Siebenjähriger öfters ohne Begleitung seiner Eltern zu deren Ferienhaus in Lucca in der Nähe von Florenz geflogen ist. Hierbei wurde er regelmäßig von der Bordbesatzung verwöhnt und sogar ins Cockpit geholt.

»Isabella Rossellini ist die schönste Frau der Welt. Das klingt so platt, aber es ist doch wahr. [...] Und das schönste an ihr ist die Nase. Die kann man gar nicht beschreiben, selbst wenn man wollte. Ich jedenfalls möchte mit Isabella Rossellini Kinder haben« (S. 56 f.). Aufnahme aus dem Jahr 1987.

Im Wartebereich des Flughafens bedient sich der Erzähler ausgiebig vom Angebot der Fluggesellschaft an Gratisverpflegung und beobachtet die anderen Fluggäste. Nachdem er einen Mann grundlos beleidigt hat, hebt sich langsam seine Stimmung. Er genießt die Vorbereitung auf den Flug, die Fahrt zum Flugzeug und den Einstieg. Im Flugzeug stellt er Mutmaßungen über die ältere Dame an seiner Seite an, provoziert einmal mehr seine Mitreisenden, indem er das Rauchverbot ignoriert, und gibt sich seinen Gedanken hin. Diese drehen sich unter anderem um die Schriftsteller Ernst Jünger und Hermann Hesse, doch insbesondere um die Schauspielerin Isabella Rossellini, die er aufgrund ihrer Schönheit verehrt. Er tagträumt, mit ihr Kinder zu haben und gemeinsam mit ihnen auf einer abgelegenen, stürmischen Insel zu leben.

Der Landeanflug über Frankfurt erinnert ihn an die Anfangssequenz des Films *Triumph des Willens* und veranlasst ihn dazu, über weitere Filme wie *Panzerkreuzer Potemkin, Der Himmel über Berlin* und dessen Regisseur Wim Wenders nachzudenken. Dabei schweifen seine Gedanken zu seinem alten Freund Alexander, der in Frankfurt lebt und mit dem er sich in Berlin einmal wegen Wim Wenders gestritten hat.

Kapitel VIER: Frankfurt (S. 65–81)
Der kurze Zwischenstopp in Frankfurt steht ganz im Zeichen des Freundes Alexander: Nach der Landung verbrennt der Erzähler zunächst seine durch ein in der Jackentasche ausgelaufenes Joghurt verschmierte Barbourjacke in der Wartehalle und lässt sich danach mit dem Taxi zum Hotel »Frankfurter Hof« fahren. Dabei überlegt er sich, Alexander zu besuchen, an den er während der Fahrt intensiv denkt, obwohl er sich an sein Aussehen nur schlecht erinnern kann. Er berichtet, dass Alexander jahrelang gereist ist, um zu untersuchen, wie weit ein bestimmtes Lied der Pop-Band »Modern Talking« verbreitet ist, und gibt zu, dass er ihn in vielerlei Hinsicht nicht verstanden hat. Dass er Varna, ein von der alternativen Kunstszene fasziniertes Mädchen, in das Alexander seinerzeit verliebt gewesen war, nicht ausstehen konnte, führte zum Streit mit seinem Freund, erinnert er sich, als er im Hotelzimmer ankommt. ›Aus Versehen‹ wählt er Alexanders Nummer, legt aber auf, als dieser sich meldet, und muss sich sofort übergeben. Er reinigt sich und nimmt ein Bad. In der Badewanne schläft er ein. Als er am späten Abend aufwacht und sich ankleidet, erinnert er sich an eine Kinderfreundschaft auf Sylt mit einem einheimischen Jungen, die schließlich daran zerbrochen war, dass Henning Hansen immer viel weniger Geld zur Verfügung hatte als er.

Es lässt sich mit dem Taxi zum »Café Eckstein« fahren, wo er Apfelwein trinkt und die hübschen Frankfurter Mädchen bewundert. Mit einer jungen Frau flirtet er intensiv, doch

Das Hotel »Frankfurter Hof« im Zentrum der Mainmetropole, in dem sich der Ich-Erzähler einquartiert. Aufnahme von 2009.

gerade, als er sie ansprechen will, kommt Alexander zur Tür herein. Dies wirft den Erzähler völlig aus der Bahn, vor allem da Alexander ihn nicht bemerkt oder nicht erkennt. Als Alexander im Keller verschwindet, klaut der Erzähler seine Barbourjacke und macht sich rasch davon.

Kapitel FÜNF: Heidelberg (S. 82–106)

Um Frankfurt möglichst schnell zu verlassen, besteigt der Erzähler einen Interregio-Zug nach Karlsruhe, wo er sich sogleich im »Bord-Treff« – dem Speisewagen – niederlässt. Diese Bezeichnung erscheint ihm überaus lächerlich, zumal er der einzige Gast ist. Doch dann betritt der Trendforscher Matthias Horx den Wagen, den der Erzähler von Hamburg her kennt und der auf ihn eine gewisse negative Faszination ausübt. Obwohl er ihn selbst anspricht, ergreift er bei der nächsten sich bietenden Gelegenheit die Flucht vor ihm und verlässt in Heidelberg vorzeitig den Zug.

Während der Taxifahrt zum Hotel »Alt Heidelberg« stellt der Erzähler einmal mehr Überlegungen zu Taxi fahrenden Studenten an und bewundert die Schönheit der Stadt. Ihre Unversehrtheit erklärt sich ihm durch die frühzeitigen Pläne der Amerikaner, Heidelberg nach dem Zweiten Weltkrieg zu ihrem Hauptquartier zu machen. Auch während seines weiteren Aufenthalts in der Stadt fühlt sich der Erzähler immer wieder an den Krieg erinnert: So spekuliert er angesichts des alten Hotel-Rezeptionisten, dem zwei Finger fehlen, ob er diese wohl an der Ostfront verloren haben könnte und wie es ihm dort wohl ergangen sei. Als er sich später in einer Glasvitrine spiegelt, in der ein Plakat des Films »Stalingrad« hängt, kommt ihm gar der Gedanke, sich glücklich schätzen zu können, im heutigen, friedlichen Deutschland zu leben.

Gleichzeitig wecken spezifische Eindrücke wie der Seifengeruch des Zimmerschlüssels auch hier Erinnerungen an Kindheitserlebnisse, in diesem Fall an einen Aufenthalt als Elfjähriger auf Madeira, wo ihm bei einem Gesellschaftsspiel das Bein blutig gescheuert wurde. Später erinnert er sich an einen Brief Alexanders, in dem dieser die Geschichte eines Kameruners erzählte, der barfuß um die Welt gelaufen sei.

Der Erzähler zieht sich um und erkundigt sich beim Portier nach den Szene-Treffpunkten der Stadt. Er lässt sich in die »Max Bar« fahren und stellt angesichts des Taxifahrers fest, dass alle älteren Deutschen wie Nazis aussehen.

In der Bar betrinkt er sich, während er die anderen Gäste, vorrangig Studierende, beobachtet. Einer von ihnen spricht ihn an und nimmt ihn mit zu einer Party. Dort kommt er mit einem Mädchen namens Nadja ins Gespräch. Doch wird er sogleich von Eugen, der ihn hierher gelotst hat, in Beschlag genommen. Er bemerkt jetzt erst, dass Eugen offensichtlich ein Verbindungsstudent ist und sie sich wohl in einem Verbindungshaus befinden. Aus Höflichkeit lässt er sich in ein

Zimmer mitnehmen, wo sich ein Pärchen auf dem Sofa zu klassischer Musik küsst und befummelt. Eugen bietet ihm Kokain an, das der Erzähler ablehnt, und belästigt ihn sexuell. Entsetzt und angewidert entzieht sich der Erzähler ihm und macht sich wieder auf die Suche nach Nadja. Er findet sie im Keller des Hauses, wo sie sich zusammen mit Nigel gerade einen Schuss setzt. Panisch flieht er auch vor diesem Anblick und fällt vor dem Haus in Ohnmacht.

Kapitel SECHS: München (S. 107–118)

Ohne zunächst zu wissen, wie er dorthin gelangt ist, findet sich der Erzähler bei einem Rave am Rande von München wieder, zusammen mit Rollo, einem alten Freund von ihm. Dann meint er sich zu erinnern, dass dieser ihn vor dem Haus in Heidelberg aufgelesen und mit dem Auto mit nach München genommen hat. Amüsiert beobachtet er die Raver und Hippies um ihn herum, deren Treiben ihm mittelalterlich vorkommt und ihn an Hieronymus Boschs Gemälde *Der Garten der Lüste* erinnert. Rollo und er unterhalten sich eine Weile mit einem der Festivalteilnehmer und tauschen Valium gegen Pillen, die sie jedoch nicht einnehmen, sondern jemand anderem heimlich verabreichen.

Mit Rollos Porsche fahren sie nach München hinein. Sie gehen ins »Schumanns«, wo sie aber nicht lange bleiben. In der Bar »Ksar« sieht der Erzähler den Kolumnisten Uwe Kopf, dem er aber lieber aus dem Weg geht. Stattdessen entdeckt er hinter einer Verkaufstheke Hannah, ein schönes Mädchen, mit dem er früher im »P1« öfter ein paar Worte gewechselt hat, das ihn hier jedoch nicht erkennt. Er ist unentschlossen, ob er sie ansprechen soll, und zieht es schließlich vor, sie nur zu beobachten. Als Tumult unter den Gästen entsteht, verlassen Rollo und er die Bar, nicht ohne sich zuvor noch ein paar Süßigkeiten von Hannah geklaut zu haben.

In Rollos Wohnung in Bogenhausen angelangt, erzählt Rollo von der chinesischen Opiumliege, die sein Urgroßvater als hoher Kolonialbeamter erworben hat, und dass er morgen daheim in Meersburg seinen Geburtstag feiern wird. Der Erzähler übernachtet bei Rollo, nachdem beide beschlossen haben, am nächsten Tag gemeinsam zum Bodensee zu fahren.

Kapitel SIEBEN: Bodensee (S. 119–146)
Rollo und der Erzähler fahren am nächsten Tag Richtung Bodensee und Rollo erzählt von Berliner Autonomen, die angeblich Autos aufkaufen, um sie in Afrika weiterzuverkaufen, was oft damit endet, dass sie überfallen und getötet werden.

In Lindau lässt der Geruch von Bratfett, frisch gemähtem Gras und Benzin den Erzähler an seine Kindheit denken. Man erfährt, dass Rollo nicht mit ihm in Salem war, sondern eine Waldorfschule besuchte, und dass sein Vater Hauptmitglied eines südindischen Aschrams in der Nähe von Bangalore ist.

Sie treffen in Meersburg in der Villa von Rollos Eltern ein, die jedoch nicht anwesend sind. Rollo scheint sich dennoch sehr zu freuen, daheim zu sein, und auch die Bediensteten sind augenscheinlich glücklich, ihn zu sehen.

Der Erzähler berichtet ausführlich von Rollos Jugend und dessen wechselnden musikalischen Präferenzen, wobei im Nachhinein offenbleibt, was davon er sich nur ausdenkt. Er wird von der Erinnerung heimgesucht, wie sich Nigel in Heidelberg Drogen gespritzt hat. Mithilfe von Alkohol versucht er, dieses Bild loszuwerden. Rollo und er gehen im Garten und am See spazieren. Dabei überkommen den Erzähler dunkle Vorahnungen, wie er sie aus seiner Kindheit kennt, wenn er sich in der Dämmerung am See aufhielt. Diese Vorahnungen, dass etwas passieren wird, steigen auch in ihm auf, als er sich kurz darauf in seinem Zimmer für die Feier präpariert und seine Krawatte bindet.

Auf der Party fühlt er sich zunehmend unwohl und deplatziert, was er mit der obligatorischen Zigarette und Alkoholkonsum zu überspielen versucht. Er beginnt einen provozierenden Flirt mit den beiden Barmännern, bis Rollo schwer betrunken auftaucht. Im Erzähler werden Erinnerungen an einen zweistündigen Aufenthalt auf Mykonos wach, bei dem er versehentlich an einem FKK-Strand für Homosexuelle landete und die in ihm aufkommende Panik nur in den Griff bekam, indem er ein Schiff am Horizont fixierte. Dabei erlebte er, wie ihm nun erst bewusst wird, das Gefühl, seinen Platz in der Welt zu finden. Gleichzeitig meint er zu erkennen, dass all die vielen Partygäste gar keine echten Freunde Rollos sind, was diesem aber gar nicht bewusst zu sein scheint.

Auch Sergio und Karin, mit denen er vor wenigen Tagen noch auf Sylt zusammen war, trifft der Erzähler hier wieder. Er beginnt eine Unterhaltung mit ihnen. Er betrachtet Karin beim Reden und bewundert ihre Schönheit. Doch plötzlich erinnert ihn ihr Mund an seinen Lehrer Herrn Solimosi, einen schwer verständlichen Ungarn, der nach der Niederschlagung des ungarischen Volksaufstands nach Deutschland geflüchtet war. Dieser ließ die Schüler im Sportunterricht stets zu einem Baum namens Polenlinde laufen, an dessen Ästen während des Zweiten Weltkriegs zwei polnische Fremdarbeiter gehängt wurden. Weil das ungarische Regime seine Familie bedrohte, musste Herr Solimosi schließlich nach Ungarn zurückkehren. Während der Erzähler sich dessen Folterung durch die Geheimpolizei vorstellt, versucht er Karin zu küssen. Doch da in dem Moment Sergio von der Bar zurückkommt, zieht sich der Erzähler peinlich berührt zurück.

Er sieht Rollo am Rand des Sees stehen und geht mit ihm zum Bootssteg, wo Rollo in Tränen ausbricht. Obwohl der Erzähler von dieser Reaktion nicht überrascht ist, erträgt er die Trauer und offensichtliche Verzweiflung des Freundes nicht. Nach einem halbherzigen Zuspruch lässt er Rollo allein am Wasser stehen, packt seine Koffer und fährt mit dem Porsche des Freundes in die Schweiz.

Kapitel ACHT: Zürich (S. 147–158)

Zwei Tage später wohnt der Erzähler in Zürich in einem Hotel und genießt es, Deutschland hinter sich gelassen zu haben. Man erfährt, dass er den Porsche am Flughafen von Zürich abgestellt hat. In einer deutschen Tageszeitung liest er vom Tod Rollos, der während seiner Party mit einer Überdosis Valium im Bodensee ertrunken ist.

Ausführlich versucht er zu erklären, warum in der Schweiz alles nicht so schlimm sei wie in Deutschland. Dabei erinnert er sich, als Kind mit seinem Vater im Auto nach Genf gefahren zu sein. Er träumt davon, mit Isabella Rossellini in einer Holzhütte am Rande eines idyllischen Bergsees zu leben und ihren Kindern von der großen Maschine Deutschland und den Menschen, die dort leben, zu erzählen oder Deutschland am besten ganz in Vergessenheit geraten zu lassen.

Ihm kommt die Idee, das Grab von Thomas Mann zu besuchen, dessen Bücher er in der Schule gerne gelesen hat, und er nimmt ein Taxi nach Kilchberg. Als er am dortigen Friedhof ankommt, ist es schon Abend und die aufkommende Dunkelheit erschwert die Suche nach dem richtigen Grab. Schließlich resigniert er und gibt auf. Während er eine Zigarette raucht, beobachtet er einen großen, schwarzen Hund, der auf einem der Gräber sein Geschäft verrichtet und sich nicht vertreiben lässt. Fröstelnd verlässt der Erzähler den Friedhof und macht sich zu Fuß auf den Weg zum See. Dort trifft er einen Mann in einem Ruderboot an, den er bittet, ihn ans andere Ufer zu bringen. Bald erreichen sie die Mitte des Sees.

III Analyse und Deutung

1 Form

Gattung

Das Unterwegssein ist eines der Hauptthemen des als Asienkorrespondent eines großen Magazins bekannt gewordenen Autors, der selbst als Kosmopolit nicht nur viel reist, sondern auch immer wieder in unterschiedlichen Ländern lebt. Es findet sich auch in seinen Reportagen in *Ferien für immer,* den Reiseberichten aus *Der gelbe Bleistift* und *Gebrauchsanweisung für Kathmandu und Nepal,* aber auch in der von ihm herausgegebenen Anthologie *Mesopotamia* und dem Textkompendium *New Wave,* ja sogar in seinem zweiten Roman *1979.*

Da auch in *Faserland* explizit von einer Reise quer durch Deutschland erzählt wird, liegt es nahe, den Roman innerhalb der langen Tradition der Reiseromane zu verorten: Der Protagonist reist durch sein Vaterland, wobei er höchst luxuriös logiert und alle verfügbaren Fortbewegungsmittel nutzt: die Bahn, das Flugzeug, einen Sportwagen, sehr häufig Taxis. Die Etappen der Reise verlaufen stets nach einem wiederkehrenden Schema: Er kommt in einer Stadt an, trifft jemanden und gerät in eine unangenehme Situation, die zur Abreise treibt. Im Laufe des Romans wird der Zweifel, ob der Protagonist mit seiner Reise überhaupt ein konkretes Ziel verfolgt, immer größer. Seine Motivation bleibt im Dunkeln.

Von daher weist einiges darauf hin, dass es sich bei *Faserland* nicht um einen klassischen Reiseroman handelt, der auf innere Entwicklung, Selbsterfahrung und die Erweiterung des intellektuellen Horizonts hin angelegt ist. Besser entspricht der Roman dem verwandten Genre der sogenannten Roadstory. Wieland Freund hat das Buch entsprechend als eine europäische Ausprägung der uramerikanischen Gattung der Roadnovel interpretiert (vgl. Freund 2001). Die Versatzteile einer solchen Roadnovel sind typischerweise: ein Mann, ein Fortbewegungsmittel, eine aufgelöste soziale Einheit und schließlich der Tod. Als Prototyp der Roadnovel gilt Jack Kerouacs (1922–1969) *On the Road* (1957), ein Klassiker der amerikanischen Popliteratur.

Im Gegensatz zum Reiseroman, in dem die Reise nach dem Muster eines Entwicklungsromans in der Regel dazu dient, zu sich selbst oder wieder nach Hause zu kommen, verfolgt der Protagonist der Roadnovel kein konkretes Ziel. Er wird von Zufälligkeiten und Zwängen in eine Ortlosigkeit getrieben, in der am Schluss nur noch die Fortbewegung und das Unterwegssein selbst zählen.

Während jedoch in den Anfängen der Roadnovel und der damit eng verwandten Roadmovies ein unstetes Leben auf der Straße als Aussteigertum, als Protest gegen die Verkrustungen einer unflexiblen, auch sozial immobilen Gesellschaft wirkte – die Helden der Straße durchbrachen gesellschaftliche Schranken und proklamierten jugendliches Anderssein –, ist in den 1990er-Jahren Mobilität zum Leitbild des modernen Lebensstils geworden. Am Ende des 20. Jahrhunderts reist die junge Generation nicht mehr aus Freiheitsdrang, sondern um den Anforderungen der veränderten Arbeitswelt zu genügen. Aus diesem Zwang resultieren nicht selten ein rastloses Gehetztsein und eine Unbeständigkeit, die zu Identitätsproblemen des heimat- und bindungslosen und sich selbst entfremdeten Individuums führt.

In Roadnovels wie *Faserland* ist soziale Bindungslosigkeit also nicht nur Charakteristikum des Protagonisten, sondern Bedingung zur Fahrt. Die Ruhelosigkeit ist aufgrund des sozialen Hintergrunds der Hauptfigur nicht durch die Zwänge des Erwerbslebens aufgenötigt, aber gleichwohl vorhanden. Sie hat sich gewissermaßen von ihrer konkreten Veranlassung gelöst, wirkt aber als selbstständiger Impuls nicht weniger stark. Krachts Ich-Erzähler steuert ohne jeden echten Kontakt zur Welt oder anderen Menschen durch Deutschland und scheint sich gleichermaßen auf der Flucht vor und auf der Suche nach Sinn zu befinden. Es sind Defizite und Krankheiten des 20. Jahrhunderts, die ihn um(her)treiben: Sinn-, Ziel- und Orientierungslosigkeit. Erfolg hat seine Suche nicht.

Seine Reise führt aber auch darum ins Nichts, weil das Fremde nicht mehr gefunden werden kann und Reisen keine neuen Erkenntnisse mehr bereithalten: In der globalisierten Welt hat man bereits alles gesehen und erkannt. Das muss auch der zweite Reisende in *Faserland*, Alexander, erfahren, der die Spuren der westlichen Popmusik bis in die entlegensten Winkel der Welt verfolgt. Ein Ankommen ist somit unmöglich, schlussfolgert Stefanie Schaefers in ihrer Interpretation von *Faserland* (vgl. Schaefers 2010). Die Reise beziehungsweise der Roadtrip ist unter diesen Bedingungen eine scheiternde Bewegung. Sie wird zu einer Reise ohne Wiederkehr, die man nur einmal macht – denn wenn einem im Laufe des Roadtrips das ersehnte Andere beziehungsweise der Ausweg versagt bleibt, fungiert der Tod als letzter Trost und Erlösung. Er ist das einzig Wirkliche, was noch zu finden und zu erleben ist.

Struktur

Der Roman ist in acht Kapitel unterteilt, die über keine inhaltstragenden Überschriften verfügen, sondern lediglich mit den ausgeschriebenen Zahlen EINS bis ACHT durchnummeriert sind. Eine naheliegende Alternative hätte es sein können, den Abschnitten Ortsnamen zuzuordnen, da in jedem Kapitel eine Etappe der Reise beschrieben wird: Sylt, Hamburg, die Strecke Hamburg–Frankfurt am Main, Frankfurt am Main, Heidelberg, München, Meersburg, Zürich. Der Verzicht darauf betont die Austauschbarkeit der als Städte an sich uninteressanten Reisestationen, die lediglich als Bühne für immer gleiche Partys und Erlebnisse dienen.

Dennoch ist die starke räumliche Strukturierung des Romans unverkennbar: Der Weg führt auf fast gerader Linie von Norden nach Süden. Ausgangs- und vorläufiger Endpunkt sind dabei der nördlichste und der südlichste Punkt der Bundesrepublik (List/Sylt und Meersburg am Bodensee). Außerdem werden die wichtigsten Metropolen Westdeutschlands gestreift. Neben den Weltstädten Hamburg, Frankfurt und München fällt Heidelberg hier aufgrund seiner Größe scheinbar aus der Reihe. Doch wird der Stadt im Roman eine wichtige Funktion im Hinblick auf das nationale Selbstverständnis und Gedächtnis zugeschrieben. Heidelberg darf zudem als »Herz Deutschlands« (S. 86) und Zentrum der deutschen mittleren Romantik – der von Clemens Brentano und Achim von Arnim betriebenen Aneignung und Aktualisierung der deutschen volkstümlichen Dichtung zu Beginn des 19. Jahrhunderts – innerhalb der als romantische Sehnsuchtsroute (vom Norden in den Süden) beschriebenen Strecke nicht fehlen.

Ein weiteres Strukturierungsmerkmal ist die zeitliche Dimension: Bis auf zwei Ausnahmen wird in jedem Kapitel des Romans nicht nur jeweils eine Station der Reise beschrieben, in der Regel handelt es auch einen Tag derselben ab (vgl. die Übersicht auf Seite 44 dieses Bands). Die Ausnahmen beziehen sich zum einen auf die Aufteilung des dritten Tages, dessen beide Hälften in den Kapiteln 3 und 4 beschrieben werden. Zum anderen wird die sukzessive Folge der sonst stets direkt aufeinanderfolgenden Tage im achten Kapitel durchbrochen, denn in dem Moment, in dem die Erzählung in Zürich einsetzt, befindet sich der Erzähler nach eigenen Angaben bereits länger in der Stadt: »Seit zwei Tagen wohne ich im Hotel Baur au Lac in Zürich.« (S. 147) Über diese beiden Tage erfährt man genauso wenig wie über die Etappe von Heidelberg nach München. Sie stellen neben dieser durch einen Blackout des Erzählers erklärten Auslassung den einzigen deutlichen und nicht durch die Geschehnisse der Geschichte motivierten Zeitsprung der sonst chronologisch sowie unter Verzicht auf explizite Vor- und Rückgriffe erzählten Geschichte dar. Umso mehr betont dieser Zeitsprung die Zäsur, die mit dem Grenzübertritt verbunden ist, und mit ihr den also auch auf der Ebene der Zeitstruktur markierten Kontrast zwischen dem ›deutschen‹ Teil der Reise und dem schweizerischen Gegenmodell, wie es im letzten Kapitel entworfen wird.

Dramaturgische Höhe- oder Wendepunkte sucht man bis zu den Geschehnissen in den Kapiteln 7 und 8 vergebens. Der Roman setzt sich aus Episoden zusammen, die an Städte und Menschen und mit ihnen erlebte Erfahrungen gebunden sind. Sie bieten von Mal zu Mal sich steigernde Variationen des bereits erwähnten Schemas (vgl. S. 39 dieses Bands).

Während bei den ersten geschilderten Flirtversuchen auf Sylt noch die Frau, Karin, den jungen Mann verärgert auf einer Düne sitzen lässt, endet seine nächste Annäherung an das weibliche Geschlecht auf der Party in Hamburg, zu der sein Freund Nigel ihn mitgenommen hat, damit, dass das junge Mädchen sich vor seinen Augen in eine Badewanne übergibt. Fassungslos angesichts der Heftigkeit dieser Reaktion fühlt sich auch der Erzähler nicht mehr wohl und verlässt ohne Nigel, der nirgends zu finden ist, auf wackligen Beinen die Party. Nigel befindet sich, wie sich herausstellt, bereits wieder in seiner Wohnung und hat Sex mit zwei Partybekanntschaften. Dies schlägt seinen ohnehin derangierten Freund, der die drei überrascht und von ihnen zum Mitmachen eingeladen wird, noch mehr vor den Kopf. Ohne sich zu verab-

Kapitel	EINS	ZWEI	DREI	VIER	FÜNF	SECHS	SIEBEN	ACHT
Ort	Sylt	Hamburg	Flug HH-F	Frankfurt	Heidelberg	München	Meersburg/ Bodensee	Zürich/ Schweiz
Zeit	Tag 1, mittags bis spätabends	Tag 2, abends, bis Tag 3 in den Morgenstunden	Tag 3, frühmorgens bis mittags	Tag 3, mittags bis spätabends	Tag 4, (vor)mittags bis nachts	Tag 5, (Blackout bis) abends/ nachts	Tag 6, morgens bis nachts um zwei	(Tag 7 und 8 im Rückblick) 9. und letzter Tag
Figuren	Karin, Sergio, Anne	Nigel, Anne		Alexander (Varna)	Eugen, Nadja	Rollo, Hannah	Rollo, Karin, Sergio	
Gerüche	Holzbohlen und Meer (S. 16)	Bohnerwachs (S. 32); Taxifahrer riecht nach Tod (S. 47)	alte Frau (S. 56)	frische Laken (S. 74); Duftwürfel (S. 80)	Hotel-Schlüssel riecht nach Seife (S. 88); Eugens Bieratem (S. 102)		Bratfett, Gras und Benzin (S. 121); »Pear's«-Seife (S. 127)	Schokoladenmasse (S. 155)
(Kindheits-) Erinnerungen	Sylt (S. 16); untergegangene Stadt (S. 19)	erste große Liebe Sarah (S. 32 f.)	Flüge als Siebenjähriger (S. 51)	Freundschaft mit Henning Hansen (S. 76–78)	Aufenthalt mit dem Vater als Elfjähriger auf Madeira (S. 88–90)		Kaffee kein Erinnerungsgeruch (S. 121); Vorahnungen am See (S. 126 f.); Nachmittag auf Mykonos (S. 132–137)	Autofahrt mit dem Vater (S. 151)
Deutsche Vergangenheit	Görings Blut-und-Ehre-Dolch (S. 17); Flak und Bunker (S. 18)	Bombardierung der Blohm & Voß-Werft (S. 29); Abkürzungswahn der Nazis (S. 35); Hamburger Feuersturm im Zweiten Weltkrieg (S. 47)	Frankfurter Bank, die im Krieg zerstört wurde (S. 56); Ernst Jünger (S. 58 f.); Leni Riefenstahl (S. 60 f.)	»Ich weiß, daß es mit Deutschland zu tun hat und auch mit diesem grauenhaften Nazi-Leben hier« (S. 70)	Heidelberg als Hauptquartier der Alliierten (S. 85); »So könnte Deutschland sein, wenn es keinen Krieg gegeben hätte« (S. 85); Frostschäden von der Ostfront (S. 88); Deutsche sahen früher weniger wie Nazis aus als heute (S. 93 f.); Taxifahrer als ehemaliger KZ-Aufseher (S. 94); Stalingrad (S. 97); »Wagner-Nazigewitter« (S. 98)	Tsing Tao/ Tschingdau und die Bismarckinseln, Rollos Urgroßvater ist im »riesigen deutschen Kolonialreich gestorben« (S. 117)	Ungarischer Lehrer Solimosi (S. 141–143)	»Hier gab es nie einen Krieg« (S. 147) »Von den Deutschen würde ich erzählen, von den Nationalsozialisten […]« (S. 153)

schieden, verlässt er mit der Absicht, niemals zurückzukehren, auf dem schnellsten Wege die Wohnung und auch die Stadt, wobei er in Tränen ausbricht.

In Frankfurt sucht er Kontakt zu seinem alten Freund Alexander, fürchtet sich aber gleichzeitig davor. Als er ihm schließlich doch begegnet, erschreckt ihn das »zu Tode« (S. 80). Weil ihn Alexander nicht bemerkt, stiehlt er ihm die Barbourjacke und verlässt mit roten, heißen Ohren die Kneipe.

Regelrecht traumatisierend wirkt sich der Besuch einer Party in einem Heidelberger Verbindungshaus aus, zu welcher der Erzähler durch eine neue Bekanntschaft eingeladen wird. Als der Verbindungsstudent Eugen ihm gegenüber aufdringlich wird, entzieht er sich im letzten Moment und flüchtet aus dem Zimmer. Weil er sich allein und bedroht fühlt, macht er sich auf die Suche nach einer jungen Frau, die er auf derselben Party kurz zuvor kennenlernte. Dass er sie und mit ihr zu seiner großen Überraschung auch Nigel schließlich im Keller beim Fixen findet, wirft ihn endgültig aus der Bahn.

Die sich steigernden Katastrophen eskalieren in der Begegnung mit dem Freund Rollo, der zuletzt aus Verzweiflung den Freitod sucht. Davon erfährt der Erzähler zwar erst drei Tage später aus der Zeitung (vgl. S. 150), doch dürfte ihn diese Nachricht nicht wirklich überraschen, da ihm die hoffnungslose Situation seines Freundes sehr deutlich gewesen sein muss. Dennoch sah er sich während dessen Geburtstagsfeier nicht in der Lage, ihm zur Seite zu stehen: »Ich nehme wieder seinen Arm. […] Als er den Druck meiner Hand spürt, fängt er an, unkontrolliert zu zittern, und dann heult er richtig. Es schüttelt ihn, so schlimm ist es. Ich denke, daß ich das nicht lange ertragen kann, dieses Schluchzen und das Weinen. Es ist einfach zuviel.« (S. 145) Er stahl sich aus der Verantwortung, indem er Rollos Porsche entwendete und sich mit diesem aus dem Staub machte.

Aber auch diese letzte Flucht gelingt nicht dauerhaft. Obschon hinter der Staatsgrenze zunächst noch einmal für kurze Zeit eine Art Idyll aufscheint und die Rastlosigkeit und die Exzesse vorübergehend einer Form von Glück und Ruhe zu weichen scheinen, führt den Protagonisten seine letzte Suche bezeichnenderweise auf einen Friedhof und damit erneut in die Nähe von Tod und Jenseitigkeit, die schließlich als letztes Ziel der Reise bleiben.

Die insgesamt relativ geradlinige räumliche und strikt chronologische Ordnung des Romans ist durchsetzt von wenigen, spannungserzeugenden Vorausdeutungen, etlichen Erinnerungen sowie assoziativen Reflexionen und Fantasien, die zeitdehnend wirken.

Die im Vergleich zu den regelmäßigen Rückblenden auf Ereignisse aus der Kindheit und Jugend des Protagonisten relativ geringe Anzahl der Vorausdeutungen zeigt, dass die Vergangenheit für den Ich-Erzähler schwerer wiegt als die Zukunft. Allein im ersten Kapitel finden sich vier Rückblenden, die die Vergangenheit des Erzählers und die seines Heimatlandes thematisieren. Solche Rückblenden kehren im Laufe des Romans regelmäßig wieder. Sie beleuchten den sozialen Hintergrund des Erzählers, tragen zu seiner Charakterisierung bei und geben Aufschluss über seine Einstellungen wie sein Gefühlsleben. Obwohl sie häufig durch eine aktuelle Wahrnehmung ausgelöst werden, bilden sie nicht selten einen Kontrast zu ihr. Ebenso dienen die Reflexionen zur deutschen Vergangenheit als Kontrastfolie zur Gegenwartserfahrung des Erzählers.

Neben zusätzlichen, teilweise obskuren Fantasien und Mutmaßungen, die Aufschluss über die Assoziationen des Erzählers und damit sein Welt- und Menschenbild geben, fällt auf, dass viele Einschübe durch Sinneswahrnehmungen, insbesondere Gerüche ausgelöst werden. Die starke Gefühlsbindung des Erzählers an diese Gerüche lässt sich als Ausdruck der unspezifischen romantischen Sehnsucht verstehen, welche ihn auf seiner inneren Suche leitet.

Erzählverhalten

In *Faserland* lassen sich drei erzählerische Strategien beobachten, die zu einer möglichst starken Einbeziehung des Lesers in das Geschehen und einer Identifikation mit dem erlebenden Ich führen sollen, gleichzeitig jedoch in hohem Maße Irritationen verursachen und den Leser somit zu einer dem Erzähler gegenüber kritischen, eigenständigen Haltung veranlassen. Es handelt sich zum einen um Erzähltechniken, die das Geschehen vergegenwärtigen und die Illusion von Unmittelbarkeit erzeugen, zum anderen um das erzählerische Mittel des sogenannten unzuverlässigen Erzählers.

Erzählt wird durchweg im Präsens. Das damit evozierte Gefühl der Gegenwärtigkeit wird durch den Einsatz entsprechender sprachlicher Partikel und Wendungen verstärkt, wie man sie gleich im ersten Abschnitt findet:

> Also, es fängt damit an, daß ich bei Fisch-Gosch in List auf Sylt stehe und ein Jever aus der Flasche trinke. [...] *Vorhin* hab ich Karin wiedergetroffen. [...] *Eben*, als wir über Barbourjacken sprachen, hat sie gesagt, sie wolle sich keine grüne kaufen, weil die blauen schöner aussehen, wenn sie abgewetzt sind. Das glaube ich aber nicht. Meine grüne Barbour gefällt mir besser. Abgewetzte Barbourjacken, das führt zu nichts. Das *erkläre ich später*, was ich damit meine. (S. 13 f.; Hervorhebungen: Ute Paulokat)

An vielen weiteren Stellen erfüllt das Wort »jetzt« dieselbe Funktion: »Jetzt, in diesem Moment, fällt mir alles wieder ein«

(S. 107). Dem Leser wird auf diese Weise das Gefühl vermittelt, direkt zugegen zu sein, während der Erzähler beschreibt, was er in ebendiesem Moment gerade erlebt. Er wird durch diese Strategie der Vergegenwärtigung gleichsam in die Geschichte und die fiktionale Erzählsituation hineingezogen.

Mit der Wendung »Also, es fängt damit an« befindet man sich direkt *in medias res* und damit inmitten einer bereits stattfindenden Handlung: Der Erzähler steht an einer Fischbude und isst Scampi. Man weiß weder, wie er dorthin gekommen ist, noch, warum er sich hier aufhält, noch, was er für weitere Pläne hat. Dies scheint das Gegenteil einer ›klassischen‹ Exposition zu sein, möchte man meinen; doch werden auf den zweiten Blick in diesen ersten Abschnitten des Romans durch die Erwähnung scheinbar nebensächlicher Details indirekt dennoch wichtige Informationen über die Hauptfigur, ihren Hintergrund, den Kontext der Handlung sowie die erste in Erscheinung tretende Nebenfigur vermittelt.

Die Strategie der unmittelbaren, scheinbar durch keinen literarischen Bearbeitungsvorgang gefilterten Vergegenwärtigung macht am Ende des Romans wiederum ein erzählerisches Konstrukt möglich, das eigentlich unmöglich erscheint: die Darstellung des Selbstmords eines Ich-Erzählers. Dieser überredet am Zürichsee den Besitzer eines Boots, ihn über den See zu rudern. Die beiden lakonischen Schlusssätze des Romans – »Bald sind wir in der Mitte des Sees. Schon bald.« – erwecken den Eindruck, dass der Bewusstseinsstrom, dem man als Leser bis dahin gefolgt ist, und mit ihm das Bewusstsein und damit das Leben oder zumindest der Lebenswille der Hauptfigur an dieser Stelle abbricht.

Alles, was der Leser erfährt, ist an die Wahrnehmung des überdies höchst subjektiven Ich-Erzählers gebunden. Es gibt keinen Perspektivwechsel und kaum direkte Figurenrede

»Also, es fängt damit an, daß ich bei Fisch-Gosch in List auf Sylt stehe und ein Jever [...] trinke.« (S. 13) Aufnahme von 2011.

oder szenische Darstellungen, die der Alleinherrrschaft der Subjektivität der Erzählerfigur entgegenwirken könnten. Die Äußerungen anderer Protagonisten (bei Randfiguren gibt es gelegentliche Ausnahmen, vgl. etwa S. 44 und 49) werden stets in der Paraphrase des Erzählers wiedergegeben:

> Karin [. . .] erzählt, daß der Mercedes ganz gut ist, weil der wahnsinnig schnell fährt und ein Telefon hat. Ich sage ihr, daß ich Mercedes aus Prinzip nicht gut finde. Dann sagt sie, daß es sicher heute abend regnen wird, und ich sage ihr: Nein, ganz bestimmt nicht. (S. 14)

Was man erfährt, erfährt man also ausschließlich aus dem Mund und damit der Perspektive der Hauptfigur, die berichtet, beschreibt und erörtert, was um sie herum geschieht und was sie davon hält. Auf den ersten Blick lässt sich die Erzählerfigur somit als Reflektor bezeichnen. Dafür sprechen die personale Ich-Erzählsituation, die verringerte Erzähldistanz durch die Verwendung des Präsens, die ausschließliche Innenperspektive des erlebenden Ichs und der Umstand, dass der Erzähler der gleichen Welt angehört wie die übrigen Figuren der fiktionalen Handlung.

Allerdings ist es nicht so, dass keine Kommentierung des Erzählvorgangs stattfindet, wie man es von einem Erzähler kennt, der als reine Vermittlerfigur auftritt. Etliche Formulierungen offenbaren ein starkes Bewusstsein des Erzählers, Teil eines Kommunikationsprozesses zu sein. Der Erzähler erzählt ganz offenkundig für einen Dritten. Stellenweise scheint er zu überlegen, was er wann und in welcher Reihenfolge berichten soll – »Das erkläre ich später, was ich damit meine.« (S. 14) –, wobei es durchaus passieren kann, dass er auf den genannten Aspekt nie wieder zurückkommt (vgl. etwa S. 71). Trotzdem fühlt sich der Erzähler hin und wieder genötigt, seine abschweifenden Gedankengänge zu rechtfertigen: »Einmal, letztes Jahr, das hat jetzt nichts mit klassischer Kleidung zu tun, passierte dies:« (S. 36) Immer wieder zeigt sich auch eine Unsicherheit, ob es ihm gelingt, sich verständlich zu machen: »Ich weiß nicht, ob ich das richtig erklärt habe.« (S. 41)

Eine Thematisierung des Erzählvorgangs findet folglich durchaus statt. Hierin liegt ein Moment der Distanzierung von der sonst genährten Illusion der Unmittelbarkeit. Jedoch dominiert der Eindruck einer unmittelbaren Teilhabe am Bewusstseinsstrom des Erzählers.

Die Erzählung wirkt dementsprechend alles andere als wohlüberlegt und strukturiert, sondern vielmehr so, als ob sich der Erzähler treiben lässt und sehr spontan und assoziativ ›ausspricht‹, was ihm gerade durch den Kopf geht, um dann darüber zu sinnieren, was er soeben gesagt beziehungsweise gedacht hat. Nicht selten traut er dabei seinen eigenen Ansichten und Erkenntnissen nicht:

> Sylt ist eigentlich super schön. Der Himmel ist ganz groß, und ich habe so ein Gefühl, als ob ich die Insel genau kenne. Ich meine, ich kenne das, was unter der Insel liegt oder dahinter, ich weiß jetzt nicht, ob ich mich da richtig ausgedrückt habe. Ich kann mich natürlich auch täuschen. (S. 15)

Diese Unsicherheiten weisen auf das wichtigste Merkmal der Erzählerfigur hin: ihre Unzuverlässigkeit.

Die rhetorische Figur des unzuverlässigen Erzählers, die ein typisches Stilmerkmal der Romantik und später der Postmoderne ist, wurde zum ersten Mal durch den Erzähltheoretiker Wayne Clayton Booth (1921–2005) beschrieben: Während der zuverlässige Erzähler in Übereinstimmung mit den Normen seines Werks spricht und handelt, muss beim unzuverlässigen Erzähler die Wahrheit und Angemessenheit der Erzähleraussagen durch den Rezipienten immer wieder in Frage gestellt werden. Auf diese Weise kann der Autor entgegen der durch den unzuverlässigen Erzähler kommunizierten expliziten Botschaft implizit eine andere, der Erzählbehauptung widersprechende Botschaft vermitteln.

Durch die zwangsläufige Subjektivität eines Ich-Erzählers fällt diese Erzählform häufig automatisch unter den Verdacht der Unzuverlässigkeit. Wichtig ist hier zu unterscheiden, dass es nicht um die realitätsgerechte Darstellung der wirklichen Welt geht, sondern um Wahrheit innerhalb der fiktionalen Welt. Die Referenzen zur realen Welt sind in *Faserland* gleichwohl sehr authentisch: Die Handlungsorte entsprechen der Wirklichkeit, man erkennt Marken, Labels und Namen wieder, es treten lebende Personen in ihren tatsächlichen Berufen auf. Die musikalischen und filmischen Zitate rufen im Leser die beabsichtigten Gefühle und Bilder hervor, welche so an die Stelle von detaillierten Beschreibungen treten können.

Bei der Erzählerfigur und ihren Aussagen über die fiktionale Welt stellt sich der Wahrheitsanspruch jedoch ganz anders dar. Viele Schilderungen sind ungenau gehalten: »Irgendwo habe ich mal gelesen, dass sich irgendwelche Menschen bei Kassel immer beschwert haben, [...]« (S. 27). Immer wieder irritieren zudem scheinbar keinen Sinn ergebende Begebenheiten, nicht zusammenpassende Aussagen, unglaubwürdige Vorkommnisse und sogar frappierende Widersprüche. Sie sind Ausdruck der Unzuverlässigkeit des Erzählers.

Das Dilemma des Lesers besteht darin, dass er jenseits der Perspektive des Erzählers keine weitere Sicht als Korrektiv zur Verfügung hat. Man erfährt niemals mehr, als der Erzähler weiß oder preisgibt. Erschwerend kommt hinzu, dass der Erzähler selbst Unsicherheit zeigt. Immer wieder geht er zu sich selbst auf Distanz, stellt sich in Frage, relativiert eigene Aussagen mit Formeln wie »[i]ch glaube« (S. 19) oder »wenn man das so sagen kann« (S. 58) oder zieht sich sogar aufs Schweigen zurück: »Mehr sage ich ihm nicht, obwohl ich es vielleicht gekonnt hätte.« (S. 145)

Gleichzeitig, und das ist ebenfalls ein typisches Merkmal des unzuverlässigen Erzählers, macht er ausgiebig von Hyperbeln, Interjektionen und übermäßigen Wahrheitsbeteuerungen Gebrauch, um gar nicht den Verdacht der Unzuverlässigkeit aufkommen zu lassen: »Ich hatte eine orangefarbene Schaufel, das weiß ich noch genau.« (S. 22)

Somit folgt man alternativlos dem fragwürdigen, manchmal deutlich getrübten Bewusstsein einer Figur, von der man ahnt, dass sie häufig weniger weiß und versteht als die übrigen Figuren der Handlung. Teilweise gewinnt man als Rezipient gar den Eindruck, die Zusammenhänge besser begreifen und die beschriebenen Ereignisse treffender interpretieren zu können, als es dem Erzähler möglich ist. So wird beispielsweise schnell klar, dass und wann sich der Erzähler etwas vormacht, und man entwickelt eine Ahnung, warum seine ›Freunde‹ ihn nicht erkennen. Interessanterweise muss der Leser geradezu detektivisch vorgehen, wenn er Aufschluss über die inneren Befindlichkeiten des Erzählers erlangen will. Über diese schweigt er sich nämlich weitgehend aus. Zwar vermerkt er regelmäßig, dass er peinlich berührt ist; aber er unternimmt keine Versuche, dieser wiederkehrenden Abwehrhaltung auf den Grund zu gehen. So muss der Leser aus den körperlichen Reaktionen des Erzählers – wackelige Knie (vgl. S. 104), zitternde Hände oder eine schweißnasse Stirn (vgl. S. 46) – Rückschlüsse ziehen, um zu verstehen, was ihn innerlich bedrängt.

Plausibel wird die Unzuverlässigkeit des Erzählers zum einen durch seine immer wieder durchscheinende fehlende geistige Souveränität und Voreingenommenheit, zum anderen durch den Umstand, dass seine Wahrnehmung sowie auch sein Gedächtnis regelmäßig durch exzessiven Alkohol- und Drogenkonsum vernebelt sind: »Ich bin ganz schön angetrunken, daß ich so einen Unsinn denke.« (S. 20) Vielleicht kann man sogar so weit gehen, den Wasch- und Umkleidezwang, den der Protagonist an den Tag legt, als Symptome einer psychischen Störung aufzufassen.

Allerdings darf die Annahme der Unzuverlässigkeit nicht auf Passagen angewendet werden, in denen der Erzähler mehr oder weniger explizit fantasiert und gar keinen Anspruch erhebt, eine wahre Geschichte zu erzählen. Oft denkt er sich Dinge oder Lebensgeschichten zu Menschen nur aus:

> Dann fährt das Taxi los, und da ich vorne sitze, weil ich, wie gesagt, keinen kenne, der da mit mir in dem Taxi sitzt, sehe ich mir den Taxifahrer an, aber ich bin irgendwie zu müde und zu faul und zu betrunken, um mir auszudenken, was das nun für einer ist. (S. 97)

In manchen Fällen wird die Fiktion also klar als solche markiert, wie beispielsweise auch bei der dem Erzähler unbekannten Sitznachbarin im Flugzeug von Hamburg nach Frankfurt: »Sie haßt sicher das Fliegen, denke ich. Sie hat sich immer geweigert zu fliegen, und jetzt muß sie es doch tun, weil ihr nicht mehr viel Zeit bleibt.« (S. 56)

Doch in anderen Fällen fühlt sich der Leser erst im Nachhinein geradezu düpiert, wenn er einer langen Ausführung wie etwa der äußerst detaillierten Schilderung von Rollos Lebensgeschichte gefolgt ist, um an ihrem Ende zu erfahren, dass es »natürlich alles eher billige Bilder [sind], die ich mir über Rollos Leben ausdenke« (S. 124).

Geradezu unverschämt wird jegliche Verlässlichkeit ausgehebelt, als es um die Frage geht, wie der Erzähler von Heidelberg nach München gelangt ist: Aufgrund seiner Ohnmacht ist dies dem Erzähler zunächst selbst »ein Rätsel« (S. 107). Er vermutet jedoch, dass er »wohl« (S. 107) einen Zug genommen und später den Ravern, die er in diesem traf, ein Taxi spendiert habe. Kurze Zeit später widerruft er jedoch diese Version, da ihm angeblich plötzlich alles wieder einfällt:

> Jetzt, in diesem Moment, fällt mir alles wieder ein: Rollo stand in Heidelberg plötzlich über mir, im Garten dieses Hauses. Er war auch auf der Party, und er hat mich herauslaufen und in Ohnmacht fallen sehen, und dann stand er über mir und schlug mir immer wieder ins Gesicht. Er hat mich wachgekriegt, dann hat er mich hochgezogen und in sein Auto gesteckt, und zusammen sind wir nach München gefahren. Deswegen habe ich immer Leute wiedererkannt, da in Heidelberg. / Ich habe auf dem Beifahrersitz die ganze Zeit geschlafen, Rollo muß derweil wie ein Irrer über die Autobahn gerast sein, weil es noch nicht viel später ist. […] Wie gut, daß er auch auf dieser schrecklichen

> Party in Heidelberg war. Ich weiß gar nicht, wie ich da drauf gekommen bin, daß ich mit dem Zug gekommen sein soll. So ein Unsinn. (S. 107 f.)

Diesen Erinnerungswandel kann man angesichts des desolaten Zustands, in dem der Erzähler die Heidelberger Party beendete, und des damit verbundenen ›Filmrisses‹ noch gut nachvollziehen. Jedoch wird auch diese durch viele Details auf besondere Glaubwürdigkeit hin ausgestattete Version der Geschichte zu einem späteren Zeitpunkt ad absurdum geführt, indem der Erzähler beiläufig erwähnt: »Schließlich habe ich ihn [Rollo] auf diesem Rave da draußen nur zufällig getroffen.« (S. 118)

Spätestens jetzt müsste jeder Leserin und jedem Leser klar sein, dass hier ein doppelbödiges Spiel mit ihren Erwartungshaltungen und Lesegewohnheiten gespielt wird. Die bewusst inszenierten, zahlreichen Irritationsmomente stellen die komplette Handlung, im Prinzip sogar die ganze Reise, in Frage und damit sämtliche Episoden und Erlebnisse unter Generalverdacht, nichts als die Hirngespinste eines entweder neurotischen oder besonders frechen Erzählers zu sein.

Sprache

In diesem Roman dienen Sprache und Stil zum einen dazu, die Figur des Erzählers näher zu charakterisieren. Zum anderen unterstützen und unterstreichen sie die im vorhergehenden Abschnitt erläuterten Erzählstrategien der Vergegenwärtigung, Unmittelbarkeit und Unzuverlässigkeit. Rhetorische Elemente wie symbolisch verwendete Markennamen helfen bei der Charakterisierung der Figuren und der Etablierung des Milieus, in dem diese sich bewegen, während die leitmotivisch gebrauchte Metapher der Barbourjacke die Identitätsproblematik des Protagonisten versinnbildlicht.

Die naive Erzählweise des Erzählers (»Also, es fängt damit an [...]«, S. 13; »oder so«, S. 17) und seine einfache, umgangssprachliche (»mit so Fischgrätmuster drauf«, S. 36), betont unliterarische Ausdrucksweise (»eigentlich super schön«, S. 15; »Na ja, [...]«, S. 23) mit ihren kindlich anmutenden Satzkonstruktionen (»und dann«, »aber dann«, »Dann«, S. 23) weist auf eine Erzählerfigur hin, die rhetorisch nicht besonders versiert ist und über kein allzu hohes kommunikatives Niveau verfügt. Falsche Pluralbildungen wie beispielsweise des Wortes Scampi (»Scampis«, S. 13) verweisen zudem auf ein eher niedriges Bildungsniveau. Insgesamt spiegelt der auffallende, syntaktisch nicht notwendige Gebrauch von Füllwörtern, insbesondere von Einschränkungspartikeln (»eigentlich«, »bißchen«, »ja«), eine sprachliche und damit allgemeine Unsicherheit des Erzählers wieder, wie sie bereits angesprochen wurde. Die zahlreichen »Ich«s am Satzanfang können als Beleg für die hohe Egozentrik des Erzählers gedeutet werden, sie sind jedoch auch als Hinweis auf seine Unbedarftheit und wenig elaborierte Ausdrucksfähigkeit zu verstehen.

Um das Hier und Jetzt, die Direktheit sowie die Subjektivität und Authentizität des Protagonisten herzustellen und zu unterstreichen, bedient sich Kracht verschiedener rhetorischer Mittel, die über die exzessive Verwendung der Partikel »hier« und »jetzt« hinausgehen: Durch kurze, manchmal sogar unvollständige oder halbe Sätze wird ein kolloquialer, umgangssprachlicher Plauderstil etabliert, der eher das Gefühl evoziert, an einem unmittelbaren Gespräch auf Augenhöhe teilzunehmen, als eine Geschichte erzählt zu bekommen. Auch die schnellen Themenwechsel tragen zu dem Bild eines spontan assoziierenden Gesprächspartners bei, der weder überlegt noch strukturiert, sondern scheinbar unbedarft und teilweise naiv berichtet, was ihm gerade durch den Kopf geht.

Die bereits beschriebene Unzuverlässigkeit des Erzählers schlägt sich auch in den erwähnten Einschränkungspartikeln nieder. Die hierdurch angezeigte Unsicherheit geht bei der Erzählerfigur in *Faserland* mit der Unentschlossenheit einher, etwas zu formulieren, und der Skepsis, sich richtig auszudrücken. Vor allem jedoch lassen mangelnde Präzision und unvollkommene Beschreibungen im Leser Zweifel an der Wahrnehmung des Erzählers aufkommen, die dieser, wie gesagt, an einigen Stellen selbst teilt. Konterkariert wird dieses Misstrauen gegen sich selbst durch den Versuch, die eigene Glaubwürdigkeit mithilfe von Sprachfloskeln und Beweisführungen zu erhöhen – denn letzten Endes will der Erzähler den Leser trotz allem von seiner Sicht der Dinge und der Wahrhaftigkeit seiner Beobachtungen überzeugen:

> Nigel ist natürlich zu Hause. Das merke ich daran, daß die Tür nicht abgeschlossen ist, denn vorhin, als wir zur Party gingen, hat Nigel den Schlüssel zweimal umgedreht, das habe ich mir gemerkt. [...] Also, ich schließe die Tür auf, und im Flur liegen mehrere Kleidungsstücke, ich kann das genau erkennen, weil es ja draußen schon hell ist [...] (S. 48).

Das Übertreten der deutsch-schweizerischen Grenze markiert nicht nur inhaltlich eine deutliche Zäsur. Die Veränderungen, welche an dieser Stelle geschehen, wirken sich auch erkennbar auf den Sprachstil aus beziehungsweise werden in diesem reflektiert: Indem viel weniger Partikel, grammatikalische Verunsicherungselemente oder Selbsteinschränkungsfloskeln als zuvor gebraucht werden, zeigt sich, dass der Erzähler eine partielle Wandlung durchläuft und ihm zumindest plötzlich alles »ehrlicher und klarer und vor allem offensichtlicher« (S. 151) erscheint.

Insgesamt evozieren der Sprach- und Stileinsatz in Übereinstimmung mit den genannten erzählerischen Strategien den Effekt von sogenannter sekundärer Oralität, wie ihn unter anderem Jörg Döring (1996) am Beispiel von *Faserland* ausführlich analysiert hat.

Mit sekundärer Oralität ist gemeint, dass die Schriftsprache Mündlichkeit simuliert und damit den Effekt erzeugt, dass man beim Lesen meint, Stimmen im Kopf zu hören. Insofern ist die Wieder-Vermündlichung der Schrift durch das Lesen eine »sekundäre Oralität«, da die Mündlichkeit hier auf schriftliche Art und Weise vermittelt wird.

Dieser halbmündliche Stil wird in *Faserland* unter anderem durch die schon erwähnten kolloquialen Einschränkungspartikel erzeugt, die syntaktisch nicht notwendig, aber als Füllwörter in einer spontanen, mündlichen Äußerung verbreitet sind. Auch sogenannte *familiarizing articles*, also finite Artikel vor Personennamen (»der Nigel«), betonen den mündlichen Charakter der Erzählung. Weitere Merkmale für einen mündlichen Erzählstil sind die vielen Wiederholungen und Übertreibungen (»riesige Suchaktion«, S. 17, »extrem peinlich«, S. 21), subjektive Wertungen (»blöden Rentnern«, S. 16, »dämliches Grinsen«, S. 20, »ein ziemlich hübsches Mädchen«, S. 15), umgangssprachliche (»Zeug«, S. 17) oder vulgäre (»kackt«, S. 14, »kotzen«, S. 18 und 21) Wendungen sowie Jugendwörter (»eingesackt«, S. 17, »aufzureißen«, S. 18). Auffallend sind überdies elliptische Redefloskeln (»na ja«, S. 16, »braungebrannt und so«, S. 20, »Aha«, S. 21), Indefinitpronomen (»irgendwie«, S. 18), verkürzte Konjugationsformen (»Ich hör nicht genau zu«, S. 14), Nachstellungen (»ob wir nicht ins Odin fahren wollen, nach Kampen«, S. 15) sowie die Verwendung des mündlichen Passivs (»erzählt bekamen«, S. 19) und des Erzählperfekts statt des Präteritums (»daß ich eben im Auto nicht zugehört hab«, S. 15).

»Wir parken den Wagen, steigen aus und laufen zum Odin. [...] Karin kennt die Besitzerin der Bar« (S. 20). Aufnahme von 2007.

Indem in *Faserland* ›wie gesprochen‹ geschrieben wird, gerät die literarische Kommunikation zwischen der Erzählinstanz und dem Lesersubjekt zum Gegenstand der Betrachtung. Aufgrund der Irritation, mündliche Sprache als Literatursprache vorzufinden, reflektiert man als Leser über das Verhältnis von Text und der tatsächlichen Kommunikation. So interpretiert zumindest Döring die Intention dieser Strategie. Seiner Meinung nach liegt die positive Rezeption von *Faserland* vor allem auch an dieser charakteristischen Schreibweise, bei der die »gruppenspezifische Oralität« nachempfunden wird und die Sprache dem erzählten »Party-Talk« ähnelt, wodurch ein hoher Wiedererkennungseffekt erzielt sowie Identifikation ermöglicht wird. Krachts Literatur erfüllt damit ein Postulat aus der Realismus-Debatte, da »gerade durch die Simulation einer generationsgebundenen Oralität die adäquate Beschreibungsliteratur eines Ausschnitts von zeitgenössischer Wirklichkeit« gelingt (Döring 1996, S. 232).

Metaphern, Symbole und Leitmotive

Der viel geschmähte »Markenfetischismus« in *Faserland* und das als oberflächlich kritisierte »Labelcrashing« (die bewusste Häufung von Markennennungen) verdienen eine besondere Betrachtung – denn Marken funktionieren per se als öffentliche, konventionelle Symbole und dienen auch in *Faserland* nicht nur dazu, als Realitätspartikel Authentizität zu erzeugen. Stattdessen bedient sich Kracht der semantischen Funktion von Markennamen zur Charakterisierung und soziographischen Kennzeichnung von Figuren und Milieus. Bereits der Anfang von *Faserland* lässt dies überdeutlich hervortreten:

> Also, es fängt damit an, daß ich bei *Fisch-Gosch* in List auf Sylt stehe und ein *Jever* aus der Flasche trinke. [...] Also, ich stehe da bei *Gosch* und trinke ein *Jever.* Weil es ein bißchen kalt ist und Westwind weht, trage ich eine *Barbourjacke mit Innenfutter.* [...] Vorhin hab ich Karin wiedergetroffen. Wir kennen uns noch aus *Salem*, obwohl wir damals nicht miteinander geredet haben, und ich hab sie ein paar mal im *Traxx* in Hamburg gesehen und im *P1* in München. [...] Außerdem hat sie mindestens schon zwei Gläser *Chablis* getrunken.« (S. 13; Hervorhebungen: Ute Paulokat)

In diesen wenigen Sätzen finden sich allein schon sieben Bezeichnungen, die im weitesten Sinne ›Marken‹ sind. Olaf Grabienski (2001) hat in seiner Arbeit über *Faserland* insgesamt 70 Marken- und Produktbezeichnungen gezählt – eine Zahl, die noch größer wird, wenn man, wie im obigen Beispiel geschehen, eine etwas weitere Definition von ›Marke‹ anwendet und beispielsweise auch Namen von Nobel-Diskotheken wie dem ›Traxx‹ oder dem ›P1‹ sowie Modeschöpfer wie Christian Lacroix oder Jean-Paul Gaultier einbezieht. Immer-

Nichts an dieser Szene, mit der Christian Krachts Kultbuch »Faserland« beginnt, ist zufällig, nichts beliebig oder austauschbar. Die Fischbude kann nur Gosch heißen, und das Bier muß von Jever sein. Undenkbar, den Helden in einer Lederjacke auftreten zu lassen. Und auch der Ort des Geschehens ist dramaturgisch vorgegeben: Krachts Roman konnte nur auf Sylt beginnen, denn hier trifft sich die Jeunesse dorée der Republik, die unser Held im Lauf des Romans durchqueren wird.

Der Literaturkritiker Hubert Spiegel in der »Frankfurter Allgemeinen Zeitung«, Ausgabe vom 1. Februar 2003

hin sind diese Einrichtungen oder Personen selbst schon längst zu Markenartikeln geworden, die automatisch mit einer gewissen Erwartungshaltung verbunden sind: Sie stehen für Qualität und gesellschaftlichen Status. Hier verschwindet das Produkt, ähnlich wie das *Tempo*-Taschentuch, hinter dem Namen, der es im Sprachgebrauch ersetzt.

Die mehr oder weniger exzessive Verwendung solcher Markennamen als Chiffren für Exklusivität ist kein Zufall, sondern ein Prinzip, das sich auch in vielen anderen popliterarischen Texten der 1990er-Jahre findet. Die Literaturkritik nahm diese Tendenz damals mehrheitlich mit Missfallen auf.

Um die Aversionen zu verstehen, die dem Gebrauch von Markennamen in popmoderner Literatur entgegengebracht werden, hilft ein Blick in die Geschichte der Marken in der Literatur, die Moritz Baßler in seiner Untersuchung *Der deutsche Pop-Roman* (2002) skizziert: Die Markenkultur, wie wir sie heute kennen, ist ein relativ junges Phänomen, das erst unter modernen Produktions- und Distributionsbedingungen entstehen konnte, wie sie etwa ab dem Ende des 19. Jahrhunderts, also in der Ära der beginnenden Hochindustrialisierung und Massenproduktion von Gütern, zu finden sind. Heute sind die Medienwelt und das alltägliche Leben durch Markenartikel und die Werbung für sie bestimmt. Sie sind zum wesentlichen Bestandteil der Wirklichkeit geworden. Umso erstaunlicher, könnte man mit Baßler meinen, dass sie in der Literatur in der Regel übergangen werden. Selbstverständlich wäre eine solche Verweigerungshaltung auch in Krachts Roman formal relativ problemlos möglich. Der Anfang von *Faserland* könnte entsprechend lauten:

> Also, es fängt damit an, daß ich bei *einer Fischbude* in List auf Sylt stehe und ein *Flaschenbier* trinke. [...] Weil es ein bißchen kalt ist und Westwind weht, trage ich eine *Regenjacke*. [...] Vorhin habe ich Karin wiedergetroffen. Wir kennen uns noch *aus dem Internat*, obwohl wir damals nicht miteinander geredet haben, und ich habe sie in paar mal in *Discos* in Hamburg und in München gesehen. [...] Außerdem hat sie mindestens schon zwei Gläser *Weißwein* getrunken.« (Variation von S. 13; Hervorhebungen und Veränderungen: Ute Paulokat)

Jedoch vermittelt eine in solcher Art abgewandelte Exposition einen gänzlich anderen Eindruck von der Stimmung, der Erzählhaltung und den Protagonisten, denn Markenbezeichnungen üben, wie gesagt, eine semantische Funktion aus, die vor allem zur soziographischen Beschreibung von Personen, Milieus und Szenen dient. Auch dies lässt sich schon im Anfangskapitel von *Faserland* erkennen:

> Karin studiert BWL in München. Das erzählt sie wenigstens. Genau kann man sowas ja nicht wissen. Sie trägt auch eine Barbourjacke, allerdings eine blaue. [...] Karin ist mit dem dunkelblauen S-Klasse-Mercedes ihres Bruders hier,

> der in Frankfurt Warentermingeschäfte macht. [...] Jetzt erzählt sie von Gaultier und daß der nichts mehr auf die Reihe kriegt, designmäßig, und daß sie Christian Lacroix viel besser findet, weil der so unglaubliche Farben verwendet oder so ähnlich. (S. 13 f.)

Krachts Erzähler entwirft hier und in den folgenden Abschnitten ein sehr klares Bild von seiner ehemaligen Mitschülerin, ohne explizit sagen zu müssen, dass Karin aus wohlhabenden Verhältnissen kommt und wirtschaftlichen Zusammenhängen sowie Fragen der Mode und des Stils ein größeres Interesse entgegenbringt als etwa kulturellen oder geisteswissenschaftlichen Themen. Dies ist möglich, weil Markennamen kulturell übercodiert sind. Es sind demnach nicht die Objekte selbst, die so relevant sind, dass sie die Thematik von Pop-Prosa bestimmen, es ist ihre Aufladung durch semiotische (zeichenhafte) Zuschreibungen, die sich in den Objekten kondensieren und die ihre Bedeutung ausmachen.

Grundlegend für das Glücken der semantischen Kopplungen ist eine intersubjektive Plausibilität: Wenn mehrere Leser unabhängig voneinander identische Assoziationen mit denselben Begriffen verbinden und folglich die gleichen Bedeutungen transportiert werden, funktioniert das Prinzip und bestimmt gleichzeitig auch das ästhetische Gelingen des Texts. So gesehen ist es gut möglich, dass *Faserland* in einiger Zeit nur mehr mithilfe eines Sacherläuterungsteils so zu verstehen ist, wie es 1995 gemeint war beziehungsweise verstanden wurde. Doch sowohl für 1995 wie noch für die Gegenwart hat die These von Florian Illies, des Autors von *Generation Golf* (2000), bezüglich des Wandels hin zur Pop-Gesellschaft Gültigkeit: »Der Kauf bestimmter Kleidungsgegenstände ist, wie früher die Lektüre bestimmter Schriftsteller, eine Form der Weltanschauung geworden.« (Illies 2001, S. 145)

Ein besonderer Markenartikel fungiert als leitmotivische Metapher in *Faserland*: Die Barbourjacke wird 28 Mal erwähnt, hat Sandra Mehrfort (2008) gezählt. Anfangs besitzt der Protagonist eine grüne Barbourjacke, deren Vorzüge er Karin gegenüber hervorhebt. Dass diese eine blaue Barbourjacke trägt, symbolisiert auch auf der Ebene von Äußerlichkeiten wie dem Kleidungsstil die Uneinigkeit zwischen den beiden, die sich gegenseitig nicht richtig zuhören und trotz zaghafter Annäherungsversuche und einer gewissen gegenseitigen Anziehungskraft auf keinen gemeinsamen Nenner kommen. Auf dem Flug nach Frankfurt will der Erzähler die mitreisenden Fluggäste provozieren und verkleckert dabei seine Barbourjacke mit Joghurt. So beschmutzt, wie er sich durch die aggressive Sexualität seines Freundes und dessen Sexpartner fühlt, so beschmutzt ist nun analog dazu auch das Kleidungsstück, das ihm sonst Halt und Schutz gewährt. Anstatt es zu reinigen oder wegzuschmeißen, verbrennt er die Jacke symbolträchtig und erhofft sich – analog zu dem Vorsatz, nie wieder an Nigel zu denken – durch dieses reinigende Feuer Erlösung von dem traumatischen Erlebnis in Hamburg. Verstört, halt- und durch den Verlust der Jacke auch etwas schutzlos nimmt der Erzähler die erste sich bietende Gelegenheit wahr, sich eine neue Jacke anzueignen, indem er die Jacke seines Freundes Alexander stiehlt. Damit unternimmt er den Versuch, sich eine neue Identität überzustreifen. Nicht zufällig geht es hier um die Identität eines Mannes, der so ganz anders ist als er selbst, doch den er vorzeiten nicht nur sehr gemocht, sondern insgeheim etwa wegen seiner Wirkung auf Frauen auch bewundert hat. Kennzeichnenderweise eignet sich der Erzähler die Jacke dadurch an, dass er den Aufnäher, der diese Jacke von anderen abhebt und ein Stück der Individualität Alexanders bedeutet, abreißt. Kurze Zeit später nennt er sie die Barbourjacke, »die ja jetzt mir gehört« (S. 91).

»Eben, als wir über Barbourjacken sprachen, hat sie gesagt, sie wolle sich keine grüne kaufen, weil die blauen schöner aussehen, wenn sie abgewetzt sind. Das glaube ich aber nicht. Meine grüne Barbour gefällt mir besser. Abgewetzte Barbourjacken, das führt zu nichts.« (S. 13 f.)

Die Barbourjacke, so lässt sich zusammenfassen, ist also eine Identitätsträgerin. Sie bestimmt das äußere Erscheinungsbild ihres Besitzers und gibt Aufschluss über seine Herkunft und seinen Status. Sie beherbergt im Falle des Protagonisten von *Faserland* seine Schätze (vgl. zum Beispiel S. 17, 50 und 60) und gibt Halt und Trost (vgl. S. 16). Somit ist sie eine Schutzhülle vor der Welt und gleichzeitig eine Art Maske, hinter der man sich verbergen kann.

Umso bezeichnender wirkt vor diesem Hintergrund, dass der Protagonist die von Alexander ›übernommene‹ Barbourjacke am Schluss des Romans in seinem Zürcher Hotel vergisst (vgl. S. 155)! Allein dieses Missgeschick, das, wenn man so will, eine Schutz-, Halt-, Orientierungs- und Identitätslosigkeit auslöst, muss wohl als Hinweis darauf gedeutet werden, dass drei Seiten später nicht nur die Geschichte endet, sondern auch das Leben des Ich-Erzählers.

2 Figuren

In *Faserland* fehlen die üblichen Präliminarien (Einleitungen, Vorspiele) zur Charakterisierung der Hauptfigur. Der Ich-Erzähler stellt sich nicht explizit vor, sodass wenig, was ihn betrifft, direkt zur Sprache kommt. Es bleibt also nichts weiter übrig, als Schlussfolgerungen zu seinen Lebensumständen aus seinem Verhalten und seinen Äußerungen zu ziehen.

Das Gleiche gilt jedoch auch für alle anderen Figuren, die durch den Erzähler in den meisten Fällen nur sehr indirekt vorgestellt werden. Zu beachten ist hier vor allem, dass man auch von ihnen nur das erfährt, was der hochgradig unzuverlässige Erzähler mit seiner äußerst subjektiven und durch Voreingenommenheit, Borniertheit und selektive Wahrnehmung eingeschränkten Sichtweise beobachtet und (wiederum selektiv) wiedergibt. Da außerdem so gut wie keine Personenrede vorkommt, ist es den Figuren noch nicht einmal möglich, als eigene Stimme kenntlich zu werden, was die Schwierigkeit ihrer Charakterisierung weiter erhöht.

Umgekehrt erfährt man anhand der Beschreibungen, die der Erzähler von den anderen Figuren und ihren Handlungsweisen gibt, wiederum über ihn selbst oft mehr, als er direkt von sich preisgibt. Dabei zeigt sich, dass die Nebenfiguren jeweils einen bestimmten Menschentypus repräsentieren und damit die Funktion haben, als Kontrastfolie das Wesen des Erzählers deutlicher werden zu lassen. Das Schaubild auf Seite 68 dieses Bands visualisiert die Nähe beziehungsweise Distanz dieser Nebenfiguren zum Ich-Erzähler des Romans.

Karin und Anne

Karin ist eine der wenigen Frauen, denen der Erzähler im Laufe seiner Reise näherkommt. Sie trägt halblanges, blondes Haar, ist gebräunt und in den Augen des Erzählers sehr schön, geradezu »umwerfend« (S. 140), wenn er auch die Echtheit ihrer blauen Augenfarbe anzweifelt und auf getönte Kontaktlinsen zurückführt. Beide kennen sich noch von der Schule und es wird schnell klar, dass sich Karin wie der Erzähler im gleichen Kosmos der Besserbetuchten bewegen, der zum Beispiel die Nobeldiskotheken und -lokale Hamburgs und Münchens umfasst. Ihr Interesse für Haute Couture, ihr Goldschmuck, das Hermes-Halstuch sowie die obligatorische Barbourjacke, aber auch der S-Klasse-Mercedes, den ihr Bruder – der Broker in Frankfurt ist – ihr geliehen hat, lassen keinen Zweifel daran, dass sie keine Geldsorgen kennt. Auf Sylt geht sie nicht nur in einer der teuersten Kneipen der Insel ein und aus, sie kennt die Besitzerin sogar persönlich. Zuletzt zählt sie zu den Gästen auf Rollos Geburtstagsparty.

Karin hat keine Scheu vor fremden Menschen, ergreift stattdessen offensichtlich gerne die Initiative, indem sie beispielsweise den Erzähler küsst (vgl. S. 23). Allerdings scheint sie trotz ihrer Kommunikationsfreude genauso schlecht zuhören zu können wie der Erzähler selbst: Sie will sich mit ihm verabreden, obwohl er ihr erzählt hat, dass er am nächsten Tag abreisen wird.

Karin erscheint als lebenslustige und aufgeweckte junge Frau, die gern und viel redet, ebenso gerne feiert, sich gerne mit Männern amüsiert und dabei auch mal den einen oder anderen Champagner oder Chablis zu viel trinkt. Sie demonstriert ein hohes Maß an Sorglosigkeit, die in Verantwortungslosigkeit übergeht, wenn sie unter Alkoholeinfluss Auto fährt – und dies zudem ziemlich schnell. Dass sie dadurch in Kampen fast einen Rentner überfährt, findet sie eher komisch.

Über ihren Intellekt erfährt man wenig. Das zeigt vor allem, dass dieser dem Erzähler nicht besonders wichtig ist. Obwohl sie angeblich in München BWL studiert, gibt sie sich eingeschüchtert durch die Gescheitheit Maxim Billers (vgl. S. 16).

Figurenkonstellation

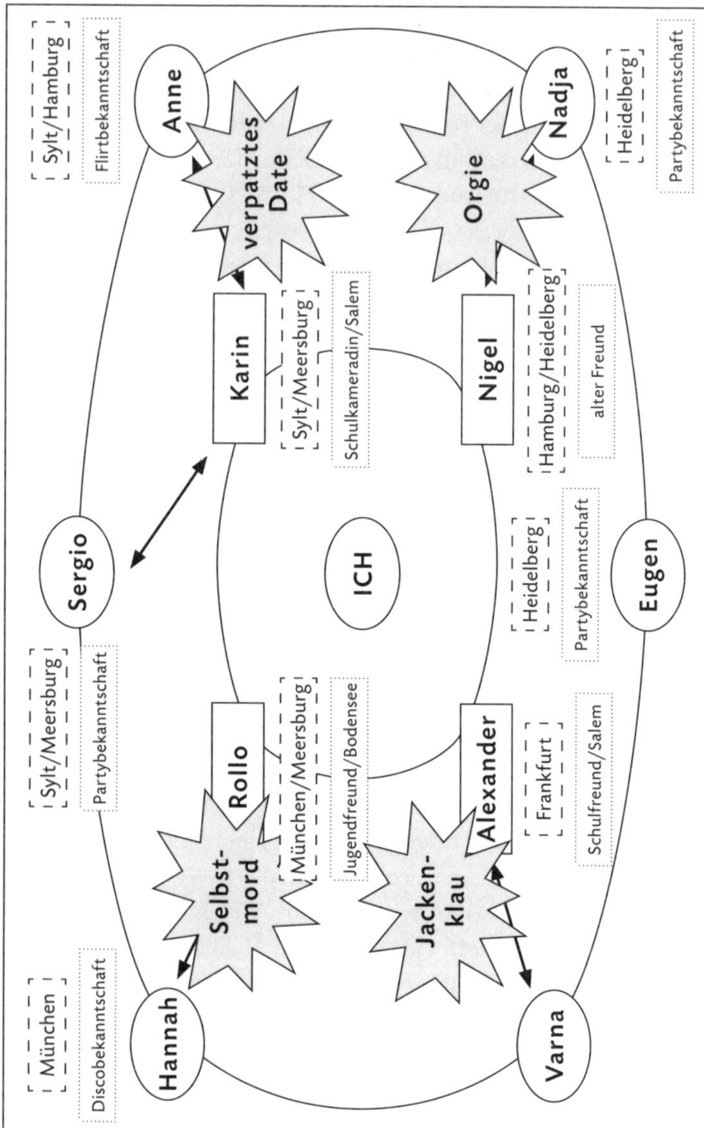

Anne kommt, zusammen mit ihrer Begleitung Sergio, als Freundin von Karin ins Spiel. Der Erzähler lernte sie jedoch schon zu einem früheren Zeitpunkt kennen. Ihren ergebnislosen Flirt im *P1* scheint sie vergessen oder verdrängt zu haben. Auch in Hamburg, wo sie sich erneut auf einer Party begegnen, ignoriert sie ihn. Folgerichtig spielt Anne in der Erzählung keine nennenswerte Rolle. Genau wie Karin zögert Anne nicht, sich nach dem Champagnergenuss im Strandkorb ans Steuer ihres Land Cruiser zu setzen. Damit ist sie ähnlich wie diese als Typus der verwöhnten und verantwortungslosen Wohlstandstochter einzuordnen.

Sergio

Sergio lernt der Erzähler auf Sylt kennen und hält anfangs nicht sonderlich viel von ihm. Wahrscheinlich spielt hier Eifersucht eine Rolle, da Sergio sich sehr gut mit Karin und Anne versteht. Sergio ist Kolumbianer, was man auch an seinem Akzent erkennt, und wird zunächst ausschließlich über sein Outfit charakterisiert: »Sergio, das ist so einer, der immer rosa Ralph-Lauren-Hemden tragen muß und dazu eine alte Rolex, und wenn er nicht barfuß wäre, mit hochgekrempelten Hosenbeinen, dann würde er Slipper tragen von Alden, das sehe ich sofort.« (S. 18) Als sie sich auf Rollos Party einige Tage später wiedersehen, trägt Sergio jedoch einen schwarzen Abendanzug und hat zurückgegeltes Haar. Da er sich über das Wiedersehen erfreut zeigt, ändert der Erzähler seine Meinung über ihn und stellt nun fest, dass er »nicht wirklich das Arschloch ist, für den ich ihn auf Sylt gehalten habe« (S. 140 f.).

Nigel

Nach den eher oberflächlichen Bekanntschaften des Erzählers auf Sylt trifft dieser in Hamburg auf den ersten seiner drei »Freunde«, denen er im Laufe des Romans begegnen wird.

Nigel trägt zwar die gleiche Frisur wie der Erzähler, scheint aber in allen sonstigen Belangen sein genauer Gegenentwurf zu sein: Er ist ein offener, geselliger, freundlicher und vor allem gastfreundlicher Mensch, der den Erzähler spontan bei sich aufnimmt und ihm schon vor Jahren einen Zweitschlüssel für seine Wohnung anvertraute, damit er sich stets willkommen fühle. Über den Besuch scheint er sich ehrlich zu freuen. Hilfsbereit nimmt er seinem Gast den Koffer ab.

Seine Kontaktfreude schließt auch intime Kontakte mit ein: Im Gegensatz zu dem Erzähler hat er keine Scheu vor anderen Menschen. Er nimmt zwei Partybekanntschaften mit zu sich nach Hause und hat Sex mit ihnen.

Nigel wird zunächst als hochgradig kommunikativ beschrieben: »Nigel und ich plaudern ein bißchen. [...] Er kann gut zuhören, und er schaut einen dann ganz genau an, wenn er zuhört, meine ich, und man hat das Gefühl, als ob das, was man sagt, ihn wirklich und ernsthaft interessiert. Nicht viele Menschen können einem dieses Gefühl geben.« (S. 34) Dass der Erzähler Nigel später genau diese Kommunikationsstärke abspricht, ist wohl vor allem als Projektion der eigenen Hemmungen auf den Freund zu verstehen:

> Vielleicht mag der Nigel Partys so gerne, weil er im Grunde ein asozialer Mensch ist, Gott, das würde ich ihm nie sagen, aber irgendwie ist er nicht kommunikationsfähig, ich meine, vielleicht mag er Partys, weil das so rechtsfreie Räume sind, wo er funktionieren kann, ohne kommunizieren zu müssen. (S. 36 f.)

Dass Nigel gerne auf Partys und in schmutzigen Kiez-Kneipen verkehrt, während er nie Diskotheken besuchen würde, unterscheidet ihn ebenfalls vom Erzähler. Nigel scheut sich zudem vor Drogen ebenso wenig wie vor Sex. Allerdings bleibt offen, ob er später tatsächlich in Heidelberg ist und sich dort Heroin spritzt oder ob dies lediglich eine Halluzination des Erzählers ist.

Der Erzähler versteht zwar nicht immer alle Theorien, die sein ihm intellektuell überlegener Freund äußert; doch dieser versucht geduldig, sich ihm verständlich zu machen. Das imponiert dem Erzähler: »Ich glaube, Nigel ist der am wenigsten eingebildete Mensch, den ich kenne, obwohl er ja Grund genug hätte, sich was einzubilden.« (S. 34 f.) Ein Rundgang durch die Wohnung mit ihren überall herumliegenden Fotokopien, alten Stichen, Landkarten, »Milliarden von Büchern« und einem gediegenen Biedermeier-Sekretär erweckt im Erzähler den Eindruck, »als ob hier ein alter Lehrer wohnen würde« (S. 34).

Obwohl der Erzähler nicht genau erklären kann, womit Nigel sein Geld verdient, ist dieser offenbar ebenfalls sehr wohlhabend, wohnt er doch in Hamburgs Stadtteil Pöseldorf in der Nachbarschaft von Prominenten wie Jil Sander. Allerdings pflegt er ein ausgeprägtes und geradezu strategisches Understatement, bei dem sein äußeres Auftreten vom ungeputzten Messingklingelschild über die mottenlöchrigen Pullover und ungebügelten Hemden bis hin zur teuren, aber heruntergekommenen Wohnung, in der der Putz abblättert, »so indirekt und irgendwie schlampig« (S. 31) wirkt.

Nigel gibt sich nicht nur in dieser Hinsicht unangepasst und unterschwellig subversiv: Er besitzt auch keine Couch, kocht Kaffee zur Not auch mal mit einer alten Socke und hat keinen Sinn für »klassische Kleidung« (S. 36). Stattdessen trägt er T-Shirts mit Firmen-Logos, um eine pseudo-politische Haltung zum Ausdruck zu bringen. Allerdings scheint diese Provokation in keine bestimmte, sondern recht pauschal in alle denkbaren Richtungen zu zielen: »Linke, Nazis, Ökos, Intellektuelle, Busfahrer, einfach alle.« (S. 31)

Alexander

Alexander ist ein »anderer Freund« (S. 38), der wie Nigel in vielem ganz anders geartet ist als der Erzähler (vgl. S. 38). Ihn kennt er ebenfalls (wie Karin) schon seit der Schulzeit auf Schloss Salem, wo sie sich ein Zimmer teilten und »immer getrunken [haben] wie die Löcher« (S. 62).

Inzwischen lebt Alexander in Frankfurt, nachdem er zeitweilig in Berlin wohnte. Sein Reichtum erklärt sich durch den frühen Unfalltod der Eltern, in dessen Folge Alexander »ziemlich viel Geld« erbte. Das versetzte ihn in die Lage, nach dem Abitur jahrelang »durch die Welt zu reisen und sehr seltsamen Theorien nachzugehen über die Verbreitung der Popmusik«. Er hat sich in Ländern wie Pakistan, Bangladesch und Kambodscha auf die »Suche nach den Spuren des Liedes *You're my heart, you're my soul* von Modern Talking [gemacht], [...] um zu sehen, wie weit [es] verbreitet ist« (S. 68). Mit diesem Weltreisenden hat Kracht zumindest hinsichtlich bestimmter Eigenschaften ein Alter Ego seiner selbst ins Spiel gebracht.

Schon zur Zeit von Alexanders Recherchereisen scheint es zu einer Entfremdung zwischen den beiden ehemaligen Zimmergenossen gekommen zu sein, denn die Briefe Alexanders, »in seiner üblichen krakeligen, furchtbaren Handschrift« (S. 67), hat der Erzähler nicht verstanden. Wird er nach dem Aussehen von Alexander gefragt, kann er sich nur an verschiedene Urlaubsfotos erinnern, die dieser ihm schickte und die ihn unter anderem (vgl. S. 68) mit langen, fettigen Haaren, braun gebrannt und mit großem Joint zeigten, mit einem FC-St.-Pauli-T-Shirt in Kairo oder grinsend in Afghanistan neben einem Mudjahedin mit Kalaschnikow.

Dennoch bedeutet sein ehemaliger Schulfreund dem Erzähler offenbar sehr viel. Er denkt oft an ihn, weiß sogar seine Telefonnummer auswendig und begeht eine Freud'sche Fehlleistung, indem er diese »aus Versehen« (S. 74) wählt.

Der für diese Fehlleistung verantwortliche insgeheime Wunsch des Erzählers, Alexander wiederzusehen, wird erfüllt, als er ihm im Frankfurter »Cafe Eckstein« (S. 78) begegnet, wo dieser offensichtlich gern gesehener Stammgast ist. Dass Alexander bei dieser Gelegenheit eine »völlig verwarzte grüne Barbourjacke mit einem Eintracht Frankfurt-Aufnäher dran« und »fettige, schulterlange blonde Haare« (S. 80) trägt, erklärt der Erzähler sich mit Alexanders halbherziger »Proletensolidarität« (vgl. S. 91), die witzig wirken soll, in seinen Augen aber schlicht unpassend ist.

Nicht nur an dieser Stelle wird deutlich, dass die Beziehung zu Alexander alles andere als konfliktfrei ist: Obwohl »Alexander immer ein feiner Kerl, ein guter Freund war, und einen klugen Kopf hatte« (S. 66) und der Erzähler glaubt, dass Alexander »eigentlich gar nichts kränkt« (S. 38), geraten die beiden in Streit, bis sie sich gänzlich entfremden: Als der Erzähler einmal in der Berliner »Paris Bar« mit Wim Wenders aneinandergerät, vertritt Alexander die Ansicht, »daß man so Typen wie Wenders überhaupt nichts fragen sollte, nicht mal auf die eingehen sollte man, am besten völlig ignorieren, weil solche wie Wim Wenders eh nur große Arschsäcke seien« (S. 62). Verblüffenderweise ist es in dieser Situation Alexander, der ausgerechnet dem Erzähler vorwirft, ein »blöder Hippie [zu sein], der glaubt, er könne Sachen verändern durch Diskussionen« (S. 62), während sich der Erzähler in der Erzählgegenwart als zynischer Fatalist gibt und auf die sogenannten Hippies herabsieht. Möglicherweise hat dieser Streit, nach dem es »irgendwie nicht mehr so [war] wie früher« (S. 62), seine diesbezügliche Einstellung ausgelöst. Immerhin ist nicht zu leugnen, dass der Erzähler seinen Freund heimlich bewunderte, da dieser mit seiner provokanten und gleichzeitig stilsicheren Art gut bei anderen Menschen, insbesondere dem weiblichen Geschlecht, ankommt:

> Der Alexander hat immer rumkrakeelt, bei jeder Gelegenheit. Der war [...] der größte Hasser aller Zeiten. Komischerweise hat das immer sehr auf Frauen gewirkt, diese vollkommene Anti-Haltung, und Alexander hätte zu jeder Tages- und Nachtzeit mit einer Holzlatte um sich schlagen können und mit einem Schlag fünf bis sechs Mädchen erledigen können, so waren die hinter ihm her. Außerdem war er noch gut angezogen. (S. 62)

Dass der Erzähler auf Alexander neidisch ist, erscheint umso wahrscheinlicher, als bei dem Zerwürfnis der Freunde auch Eifersucht im Spiel war; gänzlich entzweit haben sie sich wegen Varna, in die Alexander sich zum Verdruss des Erzählers verliebte und für die er sich gegen dessen Rat entschied.

Varna

Varna gehört zu der Sorte Frauen, die der Erzähler weder attraktiv noch interessant findet. Allerdings beruht das auf Gegenseitigkeit. Varna verkörpert den Typus der politisch engagierten Intellektuellen mit ökologischem Bewusstsein, die grün wählt, kein Auto fährt, gegen Rechtsradikalismus kämpft und überhaupt einen genauen Gegenentwurf zur Haltung des Erzählers und der Welt, in der er sich bewegt, verkörpert: Varna hat offensichtlich einen großen Freundes- und Bekanntenkreis, geht regelmäßig aus und besucht besonders gerne Vernissagen, trinkt Bier (anstelle von Champagner oder Chablis) und besucht lieber »furchtbar heruntergekommene[ ] Szene-Bars« (S. 71) als schicke Nobel-Schuppen.

Der Kontrast wird noch dadurch verstärkt, dass Varna ursprünglich aus der DDR stammt. Sie ist mit ihren Eltern in den Westen gekommen und der Erzähler macht Varnas Kindheit in Ostdeutschland und die Hänseleien, die sie nach ihrer Übersiedelung aushalten musste, dafür verantwortlich, dass sie angeblich überall beliebt sein möchte. Wahrscheinlicher scheint es, dass er ihr ihre Beliebtheit und Etabliertheit in der Kunstszene neidet oder nicht damit umgehen kann, dass sie und ihresgleichen ganz antimaterialistisch eingestellt sind und er bei ihnen mit seinen schicken Kleidern nicht punkten kann. Er nimmt ihr sehr übel, dass sie ihn beziehungsweise angeblich jeden »nie länger als 34 Sekunden beachtete« (S. 71). Doch wahrscheinlich langweilt sie schlichtweg seine Oberflächlichkeit und mangelnde Intellektualität. Dass sie gerne über Hip-Hop philosophiert und »nach der ultra-dämlichen Devise Think globally, act locally« handelt (S. 73), findet er an ihr genauso schlimm wie sie an ihm seine Weigerung, »über Kunst zu diskutieren oder [...] über den aufkeimenden Rechtsradikalismus« (S. 72). Sie erscheint in seinen Augen »so billig, so vorhersehbar, so liberal-dämlich« (S. 73), dass man ihr nicht zuhören könne, ohne aggressiv zu werden.

Eugen

Eugen ist ein braungebrannter Verbindungsstudent, der trotz des Schmisses auf der linken Wange nicht nur gut aussieht und gut gekleidet ist (vgl. S. 96), sondern auch über Charisma verfügt: Er hat eine Art an sich, die andere verstummen lässt, wenn er aufsteht, um etwas zu sagen.

Dieser Anziehungskraft, die ihm selbst so gänzlich fehlt, kann sich auch der Erzähler nicht widersetzen. Er freut sich, endlich »ordentliche Menschen« (S. 96) kennenzulernen, und es scheint ihm zunächst gar nicht unangenehm zu sein, dass Eugen den Arm um ihn legt. Allerdings zeigen sich bald Eugens eigentliche Absichten, als dieser immer aufdringlicher wird und den Erzähler am Schluss sexuell belästigt.

Eugen verkörpert die Scheinheiligkeit und Bigotterie, die sich in so manchen gesellschaftlich angesehenen Gruppierungen findet, welche für sich eine Vorbildrolle reklamieren: Der

Saubermann Eugen hat nach außen ein strahlendes Image, ist aber letztlich nur daran interessiert, sich anderer Menschen für seine eigenen Zwecke und Gelüste zu bedienen.

Rollo

Rollo ist »ein alter Freund« (S. 107) und neben dem Erzähler die wohl wichtigste Figur. So überraschend er auf den Plan tritt, ohne vorher erwähnt worden zu sein, so tragisch und bedeutend ist seine Rolle. Entsprechend denkt der Erzähler, im Vergleich zu den meist rudimentären Charakterisierungen der anderen Figuren, ausgiebig über ihn nach.

Rollos wohlhabende Eltern sind die einzigen Vertreter dieser Generation, die einige Aufmerksamkeit erhalten. Der Erzähler fasst ihre Lebensgeschichte in der postmaterialistischen These zusammen, dass sie vor lauter Wohlstand »ins Hippietum« abgedriftet seien (vgl. S. 121). So hat Rollos Vater einen südindischen Aschram einmal mit so viel Geld unterstützt, dass er dort nun Hauptmitglied ist, aber gar nicht mehr zum Meditieren kommt, weil er vor Ort nur als großer Spender gefeiert wird. Über Rollos Mutter erfährt man, dass sie »in einer Anstalt in der Nähe von Stuttgart« lebt (S. 150).

Die Eltern besitzen – neben Immobilien in Cap Ferrat oder East Hampton – in Meersburg eine herrschaftliche Villa direkt am See, um die sich verschiedenes Personal kümmert. Da Rollo hier groß geworden ist, spricht er in unkontrollierten Momenten – »wenn er sich aufregt oder wenn er betrunken ist« (S. 123) – südschwäbischen Dialekt.

Kennengelernt haben sich Rollo und der Erzähler ebendort am Bodensee, wo der Erzähler auf Schloss Salem im Internat wohnte, während Rollo die dortige Waldorfschule besuchte. Die Waldorfpädagogik – vor allem die »tänzerische Eigeninterpretation« des Namens Rollo – macht der Erzähler für den »Knacks« (S. 122) des Freundes verantwortlich.

Maharishi Mahesh Yogi (1918 bis 2008), der Guru der Beatles. Aufnahme vom Sommer 1970.

Der Erzähler zeichnet, wenn er Rollos angebliche Jugend schildert – anschließend bemerkt er, das seien »natürlich alles eher billige Bilder, die ich mir über Rollos Leben ausdenke« (S. 124) –, das Porträt eines psychisch labilen Jungen, der sich mit Zigaretten Löcher in den Arm brannte. Die Gründe für diese Selbstverletzungen und die noch immer andauernden Probleme Rollos werden genauso wenig beleuchtet wie der Anlass für die stationäre Behandlung seiner Mutter, über die man ebenfalls Widersprüchliches erfährt (vgl. S. 124).

Zum Zeitpunkt der Erzählung lebt Rollo in einer sehr großen Wohnung in Münchens teuerstem Stadtteil Bogenhausen. Deren bunte Einrichtung bilden Landschaftsgemälde aus dem 19. Jahrhundert, Möbel, die nicht zueinanderpassen, sowie eine chinesische Opiumliege. Doch so ganz daheim scheint er sich dort nicht zu fühlen, wie die Begeisterung zeigt, die ihn in seinem Elternhaus erfasst. Hier läuft er mit leuchtenden Augen aufgeregt herum und berührt alle Dinge, die er – so der Eindruck des Erzählers – »verlorengeglaubt hat, da in München in seiner blöden Acht-Zimmer-Wohnung« (S. 125).

Obwohl der Erzähler große Stücke auf seinen Freund hält, der nicht nur der »beste Gastgeber der Welt« (S. 118) sei, sondern stets seiner eigenen Meinung folge, ohne sich nach den Erwartungen anderer zu richten, weist Rollo auch einige unschöne Charakterzüge auf. So dreht er beispielsweise einem der Rave-Besucher, über die er sich nur amüsiert, ohne sich mit ihnen gemeinzumachen, hinterhältig ein Valium an, was sogar dem sonst nicht gerade feinfühligen Erzähler bedenklich erscheint: »Rollo grinst und meint: Da hat er sie jetzt, seine reine Wahrheit. Ich denke, daß es vielleicht doch kein so guter Streich ist, weil vielleicht wacht der gar nicht mehr auf. Ich glaube manchmal, Rollo hat eine ziemlich bösartige Ader.« (S. 113)

Das Hauptproblem des »harte[n] Zyniker[s]« (S. 109) scheint allerdings seine eigene Tablettenabhängigkeit zu sein. Der Erzähler betrachtet Rollos »Valium-Konsum« durchaus als problematisch: »wie er immer ein kleines Viertelchen der Tablette nimmt, aber gar nicht müde wird, sondern lustig und aufgedreht, obwohl er am Tag zwei oder drei ganze Valium nimmt« (S. 128). Rollos Medikamentenmissbrauch macht sich auch äußerlich bemerkbar. So registriert der Erzähler, wie der Freund »wie ein Irrer« (S. 125) hin- und herspringt, sich durchs Haar fährt und wirres Zeug redet.

Dass der Erzähler seit dem Zusammentreffen mit Rollo ständig in der Wir-Form spricht, lässt im Laufe der Geschichte immer mehr den Eindruck entstehen, bei Rollo und dem Erzähler handle es sich im Grunde um ein und dieselbe Person, Rollo sei sozusagen dessen Alter Ego. Entsprechend spiegelt er für diesen wie für den Leser des Erzählers trauriges, leeres Leben aus einer Außenperspektive, die dieser sich selbst gegenüber nicht einnehmen kann (oder will).

Der Ich-Erzähler

Der Protagonist erscheint regelrecht als Mann ohne Eigenschaften: Er hat nicht nur keinen Namen, man erfährt auch nichts über seinen Beruf, seine Familie oder mögliche Hobbys. Allerdings werfen die immer wieder eingeschobenen Erinnerungssequenzen einige Schlaglichter auf seine Herkunft und sein Leben. So wird deutlich, dass er – zwar wohlbehütet, aber häufig auch alleingelassen – in einem reichen Elternhaus mit Bediensteten groß geworden ist und das Eliteinternat Schloss Salem besucht hat. Salem wird häufig erwähnt, viel seltener jedoch die Eltern, die offensichtlich als Bezugspersonen abgelöst wurden durch die Haushälterin Bina, zu der der Erzähler eine enge und vertrauensvolle Beziehung hat.

Warum er der Schule verwiesen wurde, wird nicht gesagt, der Verdacht liegt jedoch nahe, dass dies mit seinem schon damals übermäßigen Alkoholkonsum zusammenhing – ein möglicher Grundstein für seine spätere Alkoholabhängigkeit.

Hinsichtlich des Aussehens des Erzählers erfährt man, dass er seine im Gegensatz zum ausrasierten Nacken vorne recht langen hellbraunen Haare zurückgelt und sich gut kleidet, so zum Beispiel gerne »rahmengenähte Schuhe« (S. 72) und teure, »klassische Kleidung« (S. 36) wie Hemden und Jacketts trägt.

Dies ist neben dem ›Triumph‹, den er fährt, der Barbourjacke, die er trägt, oder den Champagnerflaschen, die er ohne mit der Wimper zu zucken spendiert, einer der zahlreichen Hinweise auf seine Zugehörigkeit zur wohlhabenden Oberschicht. Dieser ist sich der Erzähler auch sehr deutlich bewusst. Schon früh verfügte er über mehr Geld und Komfort als andere Kinder (vgl. S. 76–78). Gegenüber Menschen, die nicht seinen Lifestyle teilen und denen er sich dadurch überlegen fühlt, legt er einen offensiven Standesdünkel an den Tag. Ein Lieblingsobjekt seiner Verachtung ist in verlässlicher Wiederkehr der Typus des Taxifahrers, der für ihn den Inbegriff der ›Unterschicht‹ darstellt (vgl. etwa S. 37). Standesdünkel zeigt sich beispielsweise auch in der Brandmarkung von Prosecco als »uninteressant« und »billig« (S. 39).

Sein Frauenideal bewegt sich zwischen einem fröhlichen, blonden Mädchen und Isabella Rossellini. Allerdings braucht die Dame nicht zu klug zu sein, sondern lieber so unkompliziert wie die Partybekanntschaft in Heidelberg: »Sie ist wirklich sehr nett, gerade weil sie auf eine erfrischende Art dumm ist. Ich meine, sie redet einfach so drauflos, ohne darüber nachzudenken, was sie sagt. Sie ist so unkompliziert.« (S. 101)

Fraglich ist jedoch, ob diese Arroganz und Überheblichkeit gerechtfertigt ist; denn trotz des Besuchs eines humanistischen Gymnasiums macht der Erzähler selten eine gute Figur, wenn es um Fragen der Bildung geht. Dies zeigt sich an seiner leicht naiv wirkenden, umgangssprachlichen Ausdrucksweise und seinen grammatischen Unsicherheiten. Es scheint, als ob er viele Namen und Begriffe, von denen er weiß, dass sie zum Bildungskanon gehören, zwar kennt, sie aber häufig nicht richtig einzuordnen weiß. So hält er den Dichter Walther von der Vogelweide sowie den Abt und Mystiker Bernhard von Clairvaux beispielsweise für mittelalterliche Maler, den Philosophen Gilles Deleuze für einen Filmkritiker und weiß nicht, dass es sich bei dem *Wachtturm* um die Missionierungsschrift der Zeugen Jehovas handelt. Ein Gespräch über Filmemacher überfordert ihn schnell und er gibt freimütig zu, sich »nicht so genau aus[zukennen] mit klassischer Musik« (S. 102). Er weigert sich, »über Kunst zu diskutieren« (S. 72), und mag »Bilder in Museen gar nicht so gerne« (S. 111). Literarisch scheint er zumindest partiell bewanderter zu sein, obwohl er angibt, nicht viel zu lesen. Allerdings schätzt er lediglich Thomas Mann – anders als Frisch, Hesse, Dürrenmatt »und Ernst Jünger schon gar nicht« (S. 58). Dieses Urteil ist allerdings von Nigel übernommen.

Immerhin verfügt der Erzähler über Spanischkenntnisse. Wie weit diese reichen, bleibt aber offen (vgl. S. 132).

Daneben verblüfft er hin und wieder mit Formulierungen, die direkt der Werbung entnommenen zu sein scheinen: »Er trägt einen prunefarbenen Mantel, der im Licht merkwürdig changiert.« (S. 28)

In Fragen des ästhetischen Geschmacks gibt sich der Erzähler gerne als untrüglicher und versnobter Experte: »Das muß man sich mal vorstellen: Ein maulbeerfarbener Porsche.« (S. 21) Das Design der ICE-Züge empfindet er nicht nur als grauenvoll, sondern sogar als »irgendwie körperlich unerträglich« (S. 24). Lieber nimmt er das Flugzeug und genießt dabei das Gefühl von Wichtigkeit und Anonymität.

Genauso wenig wie das ICE-Bordbistro mag er unreinliche Szenekneipen, in denen Independent-Bands auftreten. Er besucht lieber schicke Bars und durchgestylte Diskotheken, in denen »so ältere Sachen laufen« (S. 37) und man Prominenten begegnet. Partys sind ihm hingegen »nicht so wichtig« (S. 36).

So scheu und zurückhaltend, geradezu eingeschüchtert sich der Erzähler in manchen Situationen anderen Menschen gegenüber gibt, so dreist neigt er bei anderen Gelegenheiten zu rücksichtslosen Provokationen (vgl. S. 52 f., 58 und 70 f.). Seine elitäre und undifferenzierte Intoleranz entlädt sich dann in Beschimpfungen anderer als »Nazis« oder auch »Schwuletten« (S. 131). »[O]rdentliche Menschen« (S. 96), nicht »die Langhaarigen, sage ich, sondern die Normalen« (S. 92), meint er zum ersten Mal in einer Burschenschaft anzutreffen.

An Varna stört ihn besonders ihr – ebenfalls offenbar nicht sehr differenziertes (vgl. S. 72) – politisches Engagement. Dazu passend geht er lediglich auf Demonstrationen, um den Adrenalinrausch zu genießen, wenn es zu einer Eskalation zwischen der Polizei und den Demonstranten kommt (vgl. S. 30). Vor drastischen Bildern und regelrechten Gewaltfantasien scheut er gegenüber denjenigen, die er verachtet, nicht zurück. So wünscht er den Geschäftsleuten und Betriebsräten, die nach der Landung in Frankfurt klatschen, »den Tod« (S. 64) und verspürt den Drang, die »liberal-dämlich[e]« Varna »zu treten oder ihr zumindest aufs Maul [zu] hauen« (S. 73).

Irrational, geradezu trotzig verhält er sich in vielen Momenten, in denen er sich gedankenlos treiben lässt. Er isst beispielsweise eine zweite Portion Scampi, obwohl ihm von der ersten bereits schlecht ist (vgl. S. 13), trinkt ein Bier, das ihm gar nicht schmeckt (vgl. S. 15), trinkt Kaffee, obwohl er den gar nicht mag und er ihm auch nicht gut bekommt (vgl. S. 147), kauft sich die *Süddeutsche Zeitung*, »obwohl mich wirklich nichts weniger interessiert als Tageszeitungen« (S. 54), diskutiert über Jura, »obwohl ich rein gar nichts davon verstehe und mich vermutlich auch nichts weniger auf der Welt interessiert« (S. 100), und lässt sich sogar überreden, Drogen auszuprobieren (vgl. S. 41 f.), obwohl er an anderer Stelle betont, »prinzipiell keine Drogen [zu] nehmen« (S. 103). Besonders deutlich wird diese Inkonsequenz im Moment des Bruchs mit seinem Freund Nigel, dem er unter Tränen mit dem festen Vorsatz den Rücken kehrt, ab sofort nicht mehr an ihn zu denken – was er jedoch in der Folge nicht beherzigt (vgl. S. 52, 54, 58 f., 74, 83, 105 f., 126). Er fährt im Gegenteil sogar nach Heidelberg, »nur weil Nigel es immer gesagt hat« (S. 86).

Nicht nur die Episode mit Nigel illustriert die problematischen Verhaltensmuster, die der Erzähler anderen Menschen gegenüber an den Tag legt und die dazu führen, dass er es sich mit einigen Personen bereits verdorben hat (vgl. S. 83 und 114) oder dass er von vielen seiner ›Freunde‹ unbewusst oder auch bewusst übersehen wird.

Umgekehrt geht er selbst fremden Menschen regelmäßig aus dem Weg; ein Unbekannter, der sich im Zug zu ihm setzt, veranlasst ihn zu fast panischer Flucht (vgl. S. 25).

Als eines der Hauptdefizite, auf die diese zwischenmenschlichen Konflikte hindeuten, offenbart sich die ausgesprochen schwache emotionale Intelligenz des Erzählers, der sich zwar nicht für kompliziert hält, sich aber eingestehen muss, dass er »so bestimmte, völlig ineinander verschachtelte Muster [...] anwenden muß, um mit Menschen umzugehen« (S. 101). Entsprechend schwer fällt es ihm, überhaupt »neue Menschen kennenzulernen« (S. 96). Dies ist kaum verwunderlich, da er die Grundprinzipien zwischenmenschlichen Umgangs nicht umsetzen kann oder will: Er ist rücksichtslos und unhöflich, obwohl er für sich das Gegenteil reklamiert (vgl. S. 103), teilweise sogar rüde indiskret, wenn er zum Beispiel ungebeten Nigels Schlafzimmer betritt (vgl. S. 49). Vor allem ist er unfähig, Dankbarkeit oder schlicht Freundlichkeit an den Tag zu legen. So bekommt seine Flugnachbarin zwar »ein Lächeln von mir, allerdings nur in Gedanken, weil ich mich nicht traue, sie in Wirklichkeit anzulächeln« (S. 63). Vor allem im Umgang mit Rollo zeigen sich der Egoismus und die emotionale Armut des Erzählers, der es zunächst für unnötig hält, sich bei Rollo für die ›Rettung‹ aus Heidelberg zu bedanken, weil das »peinlich« wäre (S. 108), und dem Freund in der Krise am Schluss nicht beisteht, »obwohl ich es vielleicht gekonnt hätte« (S. 145). Auch wenn er sich in anderem Zusammenhang für sein Schweigen sogar »ungefähr eine Sekunde lang schuldig« fühlt, verdrängt er dieses Gefühl schnell, »weil ich weiß Gott besseres zu tun habe als mir wegen Rollo ein schlechtes Gewissen zu machen« (S. 132).

Hier wird ein weiteres Symptom der emotionalen Defizite des Erzählers deutlich, seine Kommunikationsunfähigkeit. In der Regel hört er nicht (richtig) zu, wenn er mit Leuten spricht, lässt sich schnell ablenken oder unterbricht sie sogar, während er selten selbst etwas zu sagen hat und Small Talk sogar gezielt aus dem Weg geht.

Insgesamt präsentiert sich der Erzähler als hochgradig instabile, in sich widersprüchliche und zerrissene Persönlichkeit: Er ist launisch (vgl. S. 15), wird leicht sentimental (vgl. S. 16), fühlt sich manchmal »nackt und schutzlos« (S. 129), hat Angst, nicht gut genug angezogen zu sein (vgl. S. 140), lässt sich schnell irritieren und verunsichern (vgl. S. 19), weshalb er auch häufig eifersüchtig reagiert (vgl. z. B. S. 40) und vieles als peinlich empfindet (vgl. S. 16, 17, 21, 39, 108, 118 und 125 f.). Dies versucht er durch Trinken oder Rauchen zu überspielen.

Unverkennbar ist, dass der Protagonist ein massives Suchtproblem hat. Er ist nicht nur starker Raucher, sondern auch Alkoholiker: Schon als Teenager hat er sich im Haus der Eltern seiner ersten großen Liebe (vgl. S. 32) sowie gemeinsam mit Alexander im Internat betrunken (vgl. S. 62). Auch Anne konnte er bei einem Flirt nicht für sich gewinnen, weil er betrunken war und sich übergeben musste (vgl. S. 18). Während der ganzen Reise konsumiert der Erzähler unentwegt Bier, Champagner, Prosecco, Wein, Bourbon und vieles mehr. Zigaretten und Alkohol betäuben seine innere Leere, überbrücken die Langeweile, retten aus Peinlichkeiten und Depression oder helfen, Eifersucht zu überwinden. Selbst wenn er sich bereits merklich geschwächt fühlt, stellt er den Konsum nicht ein. Das fortgeschrittene Stadium seiner Sucht ist ihm im Grunde bewusst; dennoch leugnet er, ein Suchtproblem zu haben: »Einen Kater bekomme ich ja nicht mehr. Anfangs habe ich noch gedacht, daß ich Alkoholiker geworden sei, aber inzwischen denke ich das nicht mehr« (S. 76). Erst gegen Ende gesteht er sich seinen Zustand ein: »Deswegen streiche ich mir mit der Hand die Haare aus der Stirn und schwanke so ein bißchen herum, damit sie denken, ich wäre Alkoholiker, was ich ja eigentlich auch bin.« Unmittelbar voraus geht allerdings der zynische Vorsatz, angesichts der Familiensituation Rollos »jetzt mal ernsthaft mit dem Trinken anzufangen« (S. 131).

»Ich hab einmal im P 1 versucht, sie [Anne] aufzureißen« (S. 18). Die Münchner Diskothek P 1 im Jahr 2010.

Dass sein Alkoholkonsum den Protagonisten regelmäßig dazu zwingt, sich zu übergeben, lässt ihn sein Verhalten nicht überdenken. Auch sein Essverhalten ist ungesund. Da er bis zum Übertreten der Schweizer Grenze kaum Nahrung zu sich nimmt, liegt sogar der Verdacht einer Essstörung nahe (vgl. S. 94 f.). Zu dieser Diagnose würde auch der Wasch- und Umziehzwang passen (vgl. etwa S. 75 f., 127 und 129), den er an den Tag legt und aus dem er »merkwürdigerweise immer viel Kraft« (S. 91) schöpft. Anke Biendarra interpretiert die Lebensweise des Erzählers als »Ausdruck einer quasimetaphysischen Übelkeit« (Biendarra 2002, S. 173). Gemeint ist eine Art mentaler Übelkeit, die durch den erfolglosen Versuch zustande kommt, die innere Leere durch Sex- und Drogenexperimente zu füllen, da dies als letzte Möglichkeit authentischer Erfahrungen erscheint. Doch sind diese in *Faserland* vor allem selbstzerstörerisch und erzeugen damit lediglich die – innerliche wie tatsächliche – Reaktion des Sich-Übergebens.

Folgt man dieser Sicht, so verwundert es nicht, dass sich die größten Probleme des Erzählers mit seinen Mitmenschen und sich selbst auf körperlicher Ebene offenbaren.

Seine Berührungsängste lassen sich als unterschiedliche Abwehrreaktionen gegen jede Form von Körperlichkeit oder gar Sexualität deuten: Als Karins Hand seine berührt, bekommt er einen Hustenanfall (vgl. S. 20), als sie ihn küsst, wird ihm schwindelig (vgl. S. 23); auch als Nigel später seine Hand ergreift, kommt ihm das »irgendwie komisch« (S. 41) vor und er ist geradezu empört, als dieser »schon wieder meine Hand [nimmt], obgleich ich das nicht will« (S. 42). Als die attraktive Partybekanntschaft von Nigel ihm durch die Haare fährt (vgl. S. 41), löst das in ihm zumindest zwiespältige Gefühle aus. Nach eigenem Bekenntnis kann er mit »so aggressiver Flirterei nie viel anfangen« (S. 79). Als er zum Gruppensex eingeladen wird, ist er von so viel geballter Körperlichkeit regelrecht vor den Kopf gestoßen (vgl. S. 49).

Während man also davon ausgehen kann, dass der Erzähler insgesamt ein Problem mit Körperlichkeit und Sexualität hat, deuten manche Indizien darauf, dass dieser Scheu ein Identitätskonflikt hinsichtlich seiner eigenen sexuellen Orientierung zugrunde liegen könnte. Zwar markiert der Erzähler sich selbst durch die – allesamt scheiternden – Flirts mit Frauen (Karin, Anne, das Mädchen im Frankfurter Café Eckstein oder das Mädchen im Verbindungshaus in Heidelberg) und seine Verehrung für Isabella Rossellini als heterosexuellen Mann, der sich als Macho über schwules Gehabe mokiert (vgl. S. 41, 42, 130 f.); doch könnte man aus dieser Haltung auch herauslesen, wie sehr er sich vor dem wahren Kern seiner Neigung verschließt. Isabella Rossellini ist schließlich aus der hier konstruierten Perspektive nicht als Frau aus Fleisch und Blut zu betrachten, sondern als unerreichbare Ikone, die dem Erzähler als Projektionsfläche für Perfektion, Schönheit, Liebe,

Geborgenheit, Familie und Heimat dient. Reale Annäherungen an Frauen in seinem Bekanntenkreis hingegen enden regelmäßig desaströs und lösen die oben beschriebenen Abwehrreaktionen aus. Sogar die an sich erfolgreiche Vorstellung bei der Familie seiner ersten Freundin wird zur traumatischen Erfahrung.

Andererseits beinhalten die Beziehungen zu den Freunden, die der Erzähler aufsucht, manche Aspekte, die auf eine latente homosexuelle Neigung hinweisen. So gesehen könnte die empörte Flucht aus Nigels Wohnung auch ein Zeichen von Eifersucht sein: »Das kann doch gar nicht wahr sein. Nigel macht da tatsächlich mit irgendwelchen Leuten herum, und er ist so breit, daß er gar nicht merkt, daß ich zur Tür hereingekommen bin.« (S. 49) Immerhin scheint die Beziehung der beiden einmal eine recht innige gewesen zu sein, wenn der Erzähler über den Haustürschlüssel zu Nigels Wohnung verfügt und wenig Bedenken hat, einfach in sein Schlafzimmer hereinzuplatzen. Das Weinen des Erzählers auf dem Weg zum Flughafen lässt weniger auf Ärger als auf eine große emotionale Enttäuschung schließen. Seinen selbst gefassten Vorsatz, von nun an nicht mehr an Nigel zu denken, vermag er nicht durchzuhalten, im Gegenteil: Ausgerechnet in dem Moment, als er in der Sicherheitskontrolle des Flughafens überprüft wird und einer der Beamten ihm »fast in den Schritt faßt« (S. 52), denkt er unwillkürlich an den (ehemaligen) Freund.

Eifersucht war auch einer der Gründe für das Zerwürfnis mit Alexander, der ihm wohl noch wichtiger war und näher stand als Nigel. Aus den Erzählungen gewinnt man den Eindruck, dass die beiden früher unzertrennlich waren, doch nun scheint Alexander ein regelrechtes rotes Tuch für den Erzähler zu sein. Nicht anders lässt sich die extreme Reaktion des Protagonisten erklären, als er versucht, Alexander anzurufen. Selbst das widersprüchliche Verhalten des Erzählers gegenüber den Annäherungsversuchen Eugens, der ihn zunächst enorm faszinierte – »Das klingt jetzt wie eine Liebeserklärung an Eugen, das soll um Gottes willen nicht so klingen« (S. 96) –, lässt sich mit einer nicht eingestandenen Homosexualität erklären: Während er nämlich unentwegt betont, wie unangenehm ihm Eugens Zudringlichkeit ist, ist er nicht in der Lage, sich frühzeitig der Situation zu entziehen. Die Begründung dafür, die er einmal zu oft wiederholt, lautet ausgerechnet »Höflichkeit« (vgl. S. 102 f.) – eine Tugend, die nicht gerade zu den Hauptcharakterzügen des Erzählers zählt.

Am auffälligsten ist jedoch, dass der Erzähler ganz gegen seine Intention und ohne dass er es nachvollziehen kann – »Warum tun alle bloß so schwul, das verstehe ich nicht« (S. 42) – offensichtlich von seiner Umgebung als homosexuell wahrgenommen wird: Nicht nur die Kellner auf der Party von Rollo flirten mit ihm (vgl. S. 131 f.), auch die Einladung zu der Orgie bei Nigel zeigt, dass man ihm zumindest bisexuelle Neigungen zutraut. Letztendlich darf auch nicht vergessen werden, dass der Erzähler nur am Schwulenstrand von Mykonos landet, weil sein Freund Alexander ihm diese Reise explizit empfohlen hat (vgl. S. 132–138).

Unter den beschriebenen Vorzeichen ist es schlüssig, dass der Erzähler ganz zum Schluss ausgerechnet nach dem Grab von Thomas Mann sucht, dem für seine unterdrückten homoerotischen Neigungen bekannten Autor der Novelle *Der Tod in Venedig* (1912), in der ein geachteter Schriftsteller seiner bis dahin verdrängten Homoerotik und damit dem Tod verfällt. Dass er das Grab nicht findet, kann als weiteres Indiz dafür gewertet werden, dass er sich seine wahre Identität nicht eingestehen kann oder will. Da er also nicht bereit ist, so weit zu gehen, kommt er am Ende eben nicht am ›anderen Ufer‹ des Sees an. Es bleibt ihm das Verharren in der Mitte, vermutlich der Freitod aus Scham- und Schuldgefühlen.

Auch Mathias Mertens sieht *Faserland* als eine »aufdringliche Coming-Out-Geschichte« an (Mertens 2003, S. 208). Als Beleg für diese These weist Frank Degler auf weitere interessante symbolische Handlungen des Ich-Erzählers hin, die auf der Ebene des räumlichen Arrangements als homosexuell motivierter Akt des Eindringens in einen anderen Mann gedeutet werden können: So stiehlt er einem alten Freund dessen Barbourjacke und einem anderen Freund entwendet er den Porsche. In beiden Fällen handelt es sich um Schutzräume beziehungsweise quasi-sexuelle, bergende Hohlkörper, die sich der sozial obdachlose Held aneignet und in die er hineinschlüpft (vgl. Degler/Paulokat 2008, S. 76).

Interessanterweise betont Kracht selbst in einem Interview zu seinem zweiten Roman *1979*, den er auf vielen Ebenen mit *Faserland* vergleicht, dass es in seinem Roman keine einzige heterosexuelle Figur gebe und dass er mit dem heterosexuellen Kosmos beispielsweise eines Nick Hornby nicht viel anfangen könne (vgl. Reents/Weidermann 2001).

Homosexualität ist nicht zuletzt ein typisches Kennzeichen des Dandys beziehungsweise des Flaneurs. Der Erzähler inszeniert sich in beiden Rollen: Ganz Dandy, legt er höchsten Wert auf sein Äußeres, trägt gerne elegante Kleidung, benutzt Luxusartikel und ist auch in der Wahrnehmung anderer auf Äußerlichkeiten fixiert. Er gibt mit vollen Händen Geld aus, um Eindruck zu schinden. Bei seinem zur Schau gestellten Müßiggang – »Ich will mich nicht anstrengen müssen, auf gar keinen Fall« (S. 136) – möchte er gesehen und bestaunt werden. Der Drang nach Aufmerksamkeit ist ein Grund für seine Lust an der Provokation. Während er umherschlendert und wenig erlebt, beobachtet er andere sehr genau und denkt sich für sie fiktive Lebensgeschichten aus. Seine leidenschaftslose Gesellschaftsanalyse zeugt von blasierter Gleichgültigkeit und nur verschwommenen politischen Einstellungen.

Doch scheitert der Ich-Erzähler trotz seiner offensiven Attitüden an dem Dandy- und Flaneur-Image: Das Schlendern durch die Städte und Eintauchen in der Menge der Passanten kann er nicht richtig genießen, ihm ist dabei sogar eher unwohl. Auch die Aufmerksamkeit, die er sich erhofft, erhält er nicht, sogar seine engsten Freunde nehmen ihn nicht wahr. Überdies schlagen viele seiner Provokationen fehl: So gelingt es ihm zwar am Lufthansa-Büfett, einen Mitreisenden gegen sich aufzubringen; er wird aber dadurch letztlich selbst Opfer eines peinlichen Missgeschicks (vgl. S. 59).

Dandyhaft ist sein blasierter Weltschmerz: »Daran läßt sich doch alles ablesen über diese Welt, wie unfaßbar verkommen alles ist.« (S. 30) Aber sein Ekel und Hass auf alles ist nicht nur eine elitäre Pose, sondern auch der wenig souveräne Ausdruck von Orientierungslosigkeit und echter Zukunftsangst: »Ich denke daran, daß ich nicht weiß, wie das in den kommenden Jahren sein wird. Sonst war immer alles überschaubar. Aber jetzt weiß ich einfach nicht, was da kommt.« (S. 106)

Das eigene Leben ist zwar luxuriös und so gesehen sorgenfrei, es ist jedoch auch traurig und unerfüllt: Langeweile und Monotonie spiegeln sich in der Metapher des Champagners, der »schal und flach und abgestanden« schmeckt (S. 23). Der Konsum macht keine Freude mehr.

Dieses Gefühl von Melancholie, Überdruss und innerer Leere inmitten von Luxus weist Parallelen zur romantischen Langeweile auf, zur sogenannten elisabethanischen Krankheit und eben zum Ennui der Jahrhundertwende (vgl. Klopprogge 2005, S. 87). Die Erkenntnis, keine Ziele mehr zu haben und keine neuen Erfahrungen mehr machen zu können, nimmt der Erzähler passiv hin und geht nur halbherzig dagegen an. Seine Versuche, der seelischen Substanzlosigkeit durch Distinktion und Reisen zu entfliehen, scheitern. Übrig bleibt nur die Betäubung durch Alkohol und Zigaretten.

Der Autor Oscar Wilde (1854 bis 1900), der berühmteste Dandy und berüchtigtste Homosexuelle des späten 19. Jahrhunderts.

3 Gehalt

2001 hat Christian Kracht in einem Gespräch mit Edo Reents und Volker Weidermann von der *Frankfurter Allgemeinen Sonntagszeitung* (Ausgabe vom 30. September) über *Faserland* gesagt, der Roman sei, ähnlich wie *1979*, im Grunde »die humorig erzählte Geschichte einer Auslöschung oder vielmehr einer Folge von Ersatzhandlungen«.

Neben dieser eigenen Deutung des Autors lässt sich *Faserland* unter drei weiteren Gesichtspunkten betrachten und interpretieren: Zum einen stellt der Roman eine zwar überspitzte, aber in vielen Aspekten auch authentische Momentaufnahme der Gegenwart der 1990er-Jahre dar, indem er die Stimmung und das Lebensgefühl einiger Menschen in Deutschland zu dieser Zeit abbildet. Er bietet eine Zeitgeistreise durch eine junge, erlebnisorientierte, aber gelangweilte Szene, die sich über Konsum, Markenartikel, Lifestyle und Small Talk definiert. Dabei wird nicht nur das Zeit- und Lebensgefühl einer entpolitisierten, melancholischen Jugend dar-, sondern auch deren Oberflächlichkeit und Snobismus bloßgestellt. Das Porträt der »verwöhnten zweiten Generation wohlhabender Erben« (Gustav Seibt in der *Frankfurter Allgemeinen Zeitung*, Ausgabe vom 22. Mai 1995) wird dabei zur »Topografie des Hedonismus im Verfallsstadium« (so ein Rezensent mit dem Autorenkürzel gdi, wiederum in der *FAZ*, Ausgabe vom 17. März 2002) und zeigt die Schattenseiten der Erlebnis- und Spaßgesellschaft auf.

Von daher kann *Faserland* auch als Reflexion über die Leere eines unverstandenen Lebens und als Identitätssuche des (post-)modernen Menschen gelesen werden. Die Symptome einer durch das Gefühl der Auswechselbarkeit im urbanen und konsumorientierten Umfeld verursachten Identitätskrise werden hier in all ihren Facetten durchdekliniert.

Auch die deutsche Vergangenheit – so die dritte Lesart des Romans – bietet keine günstige Basis für eine gute gefestigte Identität. Sie ist vor dem Hintergrund des Nationalsozialismus problembelastet und muss ›bewältigt‹ werden. *Faserland* greift die Kontroverse um die deutsche Erinnerungskultur und die Diskussion der Schuldfrage auf, wobei der dritten Generation nach Auschwitz, welcher der Protagonist angehört, sowohl die Täter- wie auch die Opferperspektive fremd geworden sind. Die scheinbare Undifferenziertheit und Gleichgültigkeit, mit der die gleichwohl stark präsente deutsche Vergangenheit in Krachts Roman behandelt wird, wird in der ersten exemplarischen Interpretation (vgl. die Seiten 93 bis 100 dieses Bands) näher untersucht. Sie markiert den Übergang von der ›Bewältigungsliteratur‹ der Bundesrepublik zur Popliteratur der Neunzigerjahre.

IV Exemplarische Interpretationen

1 Wie wird der Nationalsozialismus in »Faserland« dargestellt?

Provokation

Der deutsche Nationalsozialismus ist in *Faserland* in zwei Formen präsent: Da sind zum einen die immer wiederkehrenden Gedanken und Reflexionen bezüglich Deutschlands und seiner Vergangenheit, die in die Handlung genauso unvermittelt eingeschoben werden wie die vielen Kindheitserinnerungen. Oft handelt es sich um ganz banale Gedanken wie zum Beispiel denjenigen, dass der Produktname »Hanuta« sich dem deutschen »Abkürzungswahn« verdanke, »der von den Nazis erfunden worden ist« (S. 35). Doch immer wieder mischen sich unerwartete und bedenkliche Facetten in die idyllischen Bilder von Sandburgen, den Geruch von Holzbohlen oder die Geschichten über untergegangene Inseln: In den Sylter Dünen denkt der Erzähler nicht nur daran, hier als Kind gespielt zu haben, sondern mit dem Bewusstsein eines Erwachsenen auch, dass sich im Zweiten Weltkrieg an derselben Stelle die Flak befand und »daß Göring [...] einmal seinen Blut-und-Ehre-Dolch hier verloren hat« (S. 17). Die Hamburger »Blohm & Voß-Werft« ist auch deshalb eine Erwähnung wert, weil »sie« dort »früher die U-Boote gebaut haben, bis die Engländer alles plattgebombt haben« (S. 29). Nicht unter Kriegsschäden leiden musste hingegen die Stadt Heidelberg, so der erste Gedanke des Erzählers bei seinem dortigen Besuch: »So könnte Deutschland sein, wenn es keinen Krieg gegeben hätte und wenn die Juden nicht vergast worden wären.« (S. 85) Dass dem Rezeptionisten im »Hotel Alt Heidelberg« (S. 85) zwei Finger fehlen, führt der Erzähler auf Frostschäden »an der Ostfront« (S. 88) zurück.

Zum anderen dient der deutsche Faschismus als Vorwand für die Beschimpfung von (meist älteren) Leuten, die dem Erzähler spontan unsympathisch sind und die er als »Nazi« oder »Faschist« denunziert. In seiner Wahrnehmung scheint die Großeltern-Generation pauschal eine ›Nazi-Generation‹ zu sein, während die nicht in Erscheinung tretenden Vertreter der Eltern-Generation als postmaterielle Hippies charakterisiert werden. Gegen beide Pole grenzt sich der Erzähler ab. Überdies polemisiert er gleichermaßen deutlich gegen links wie rechts. Dadurch kommt es zu einem eigentümlich heterogenen Gemisch von Feindbildern: »Linke, Nazis, Ökos, Intellektuelle, Busfahrer, einfach alle« will auch Freund Nigel provozieren (S. 31); ganz ähnlich greift auch der Erzähler neben Rentnern, ›Betriebsratsvorsitzenden‹ und vor allem Taxifahrern massiv die Linksintellektuellen an, wie sie etwa durch Varna verkörpert werden.

Indem er die Instrumentalisierung des Faschismus als politisch inkorrektes Leitmotiv provokant überspitzt, gelingt es Kracht, die sprachlichen Vermeidungsstrategien im Umgang mit der deutschen Vergangenheit bloßzulegen und zu kritisieren (vgl. Schaefers 2010, S. 86).

Ästhetizismus und Snobismus

Allerdings stellt sich die Frage, ob diese Kritik tatsächlich gesellschaftspolitisch motiviert oder nicht doch eher eine Spielart des Snobismus ist. Als Argumente für die Ablehnung Varnas und ihrer Freunde dient nämlich nicht nur die pauschale Aussage, dass sie nichts zu sagen und nur blöde Ideen hätten, sondern vor allem auch der Vorwurf, dass sie schlecht angezogen seien, während der Erzähler »rahmengenähte Schuhe trage« (S. 72) und es ungehörig findet, auf einer Barbourjacke einen Eintracht-Frankfurt-Aufnäher anzubringen oder die Haare fettig und schulterlang zu tragen.

Faschismus in *Faserland*, so wird in der Forschungsliteratur häufig betont, ist »nicht politisches Faktum, sondern ästhetischer Zustand« (vgl. etwa Groß 1995, Biendarra 2002, S. 174, und Schaefers 2010, S. 85). Folglich kommen kaum politische Größen dieser Zeit zur Sprache, sondern vor allem Kunstschaffende wie Leni Riefenstahl und Ernst Jünger; und dieser zieht nicht nur durch seinen Ruf als »Kriegsverherrlicher« die Ablehnung des Erzählers auf sich, sondern vor allem durch die vorgeblich schlechte Qualität seiner Prosa (vgl. S. 59).

In einer ästhetizistischen Perspektive wird die Wirklichkeit nach ästhetischen Kriterien interpretiert. Das kann nicht nur dazu führen, dass sie den eigenen Ansprüchen nicht gerecht wird, sondern dass dabei moralische Maßstäbe vernachlässigt werden. Das verbindet die Ästhetenfiguren der vorigen Jahrhundertwende – beispielsweise in den sogenannten lyrischen Dramen von Hugo von Hofmannsthal (1874–1929) – und den Ich-Erzähler von *Faserland* (vgl. Huber 2007). Während jedoch bei Hofmannsthal das Scheitern des ästhetizistischen Lebensentwurfs zu dessen moralischer Verurteilung und einer Hinwendung zum Sozialen führt, wird bei Kracht die Frage nach dem ›richtigen‹ Lebensmodell angesichts einer postmodernen Orientierungslosigkeit verworfen, da jeglicher Lebensentwurf unästhetisch, unauthentisch und klischeehaft erscheint.

Analog zu seinen Romanen *Faserland* und auch *1979* offenbart Kracht eine solche ästhetizistische Haltung auch im außerliterarischen Bereich, indem er etwa gegenüber der *Frankfurter Allgemeinen Sonntagszeitung* kurz nach den Anschlägen des 11. September die Taliban als »camp« bezeichnet (dieser schillernde Begriff dient zumeist der ästhetischen Aufwertung eben aus der Mode gekommener Objekte der Populärkultur), sie damit als reine Medienphänomene betrachtet und die Notwendigkeit einer moralischen Einordnung bestreitet (vgl. Reents/Weidermann 2001).

Besonders deutlich wird die ästhetizistische Perspektive in einer der Fantasien des Erzählers gegen Ende des Romans:

> Von den Deutschen würde ich erzählen, von den Nationalsozialisten mit ihren *sauber ausrasierten* Nacken, von den Raketen-Konstrukteuren, die Füllfederhalter in der Brusttasche ihrer *weißen Kittel* stecken haben, *fein aufgereiht*. Ich würde erzählen von den Selektierern an der Rampe, von den Geschäftsleuten mit ihren *schlecht sitzenden Anzügen*, von den Gewerkschaftern, die immer SPD wählen, als ob wirklich etwas davon abhinge, und von den Autonomen, mit ihren Volxküchen und ihrer Abneigung gegen Trinkgeld. (S. 153; Hervorhebungen: Ute Paulokat)

In dieser Passage wird exemplarisch deutlich, dass das ästhetische Moment bei Krachts Erzählerfigur in den Vordergrund rückt und dabei politische und soziale Werte verdrängt. Dementsprechend wird auf den Faschismus nicht mit Engagement, sondern mit Abscheu reagiert. Dennoch gelingt dieser eigenwilligen Ästhetik, was sonst nicht mehr häufig gelingt: eine Reaktion zu provozieren, und sei es eben »nur« Abscheu, findet Stephanie Schaefers (Schafers 2010, S. 86).

Mögliche Reaktionen dieser Art nimmt Kracht in seinem Roman bereits vorweg, indem der Protagonist seinerseits durch Varna als »Nazi und vollkommen unpolitisch« (S. 74) beschimpft wird.

Allgegenwärtige Vergangenheit

Meist bleibt offen, wie politisch oder unpolitisch einzelne Wahrnehmungen und Äußerungen des Erzählers gemeint beziehungsweise aufzufassen sind. Das liegt an der unzuverlässigen und nicht recht vertrauenswürdigen Erzählerfigur, die Kracht entworfen hat (vgl. S. 51–55 dieses Bands).

Deutlich zeigt sich dieses Paradox, eine explizit politische Aussage zu machen und sie mit einem Hinweis auf seinen durch Alkohol getrübten Bewusstseinszustand sofort zurückzunehmen, wenn der Erzähler sich in einer Vitrine mit dem Plakat des Films *Stalingrad* (Deutschland 1993) spiegelt:

> […] mein Kopf trägt plötzlich einen Stahlhelm, und in diesem Moment denke ich, […] daß ich wahnsinniges Glück habe, im demokratischen Deutschland zu leben, wo keiner an irgendeine Front muß mit siebzehn. Das ist natürlich SPD-Gewäsch, was ich da denke, aber ich bin schließlich auch höllisch betrunken. (S. 97)

Hier wird eine explizit politische, nämlich pro-demokratische und pazifistische Aussage sofort infrage gestellt und ins Lächerliche gezogen, indem sie mit dem den Roman durchziehenden Stigma SPD sowie mit dem Hinweis auf die Unzurechnungsfähigkeit desjenigen versehen wird, der sie äußert.

Auf ähnliche Weise wird durch diesen Erzähler manches so verblüffend unangemessen dargestellt, dass dem Leser stellenweise erst auf den zweiten Blick die Ungeheuerlichkeit des leicht Dahingesagten bewusst wird. Eine der Erinnerungen des Protagonisten ist beispielsweise seinem ehemaligen, ungarischen Lehrer in Salem gewidmet: »Er war Elektro-Arbeitsgruppenleiter. Das hieß bei uns wirklich so. Ein bißchen wie im Dritten Reich. Außerdem war Herr Solimosi noch Sportlehrer, und er ist nach irgendeinem Budapester Aufstand nach Deutschland geflüchtet.« (S. 141) Über diesen Lehrer verrät der einmal mehr nur mäßig interessierte Erzähler wenig und Ungenaues (»nach irgendeinem Budapester Aufstand«) und weiß zunächst auch nur Witziges über seinen Akzent zu erzählen. Doch dann fällt unvermittelt das Stichwort »Polenlinde« (S. 142):

> An den Ästen dieser Linde wurden während des Zweiten Weltkrieges zwei polnische Fremdarbeiter aufgehängt, die es gewagt hatten, im Dorf einen Laib Brot zu stehlen. Die Polenlinde war seitdem der Umkehrpunkt für einen Dauerlauf der Salem-Schüler. [...] Ich habe immer überlegt, ob der Lauf zur Polenlinde [...] nicht so eine Art Rache sein könnte, von Herrn Solimosi im Namen aller Slawen an uns Deutschen. Und ob ich nicht Buße tun könnte für die Verbrechen der Nazis, dadurch, daß ich zur Polenlinde und zurück laufe. Das habe ich tatsächlich gedacht, damals.

Allerdings werden diese Überlegungen sehr schnell wieder beiseitegeschoben, als dem Erzähler einfällt, dass ein halbungarischer Klassenkamerad diesen Lauf in seiner Freizeit noch viel öfter absolvierte und es also offensichtlich keinen Grund gibt, näher über Schuld, Sühne und Rache nachzudenken. Der Erzähler selbst findet es zu guter Letzt nur noch »wirklich ganz schön traurig«, dass von seinem Lehrer, der – wie er beiläufig bemerkt – nach Ungarn zurückkehren musste, »weil das Regime dort seine Familie bedrohte«, nur mehr ein »nutzloser Haufen Klump« in einem Schulschrank übriggeblieben sei und man nie wieder etwas von ihm hörte (S. 143).

Die hier dargestellte, scheinbar naiv bis gleichgültige Haltung eines Vertreters der ›Generation Golf‹ zur deutschen Vergangenheit analysiert und interpretiert der Journalist und Schriftsteller Florian Illies folgendermaßen: »Das Verhältnis unserer Generation zur Geschichte allgemein und zum Holocaust ist dermaßen Roman-Herzoghaft unverkrampft, daß Kritiker dahinter Geschichtsvergessenheit vermuten, Ignoranz und Schlimmeres.« (Illies 2001, S. 174)

Doch kann – und auch dafür ist gerade *Faserland* ein gutes Beispiel – weder von Geschichtsvergessenheit noch Ignoranz die Rede sein. Denn während die »Generation der Gemein-

Das Hauptgebäude der etwas nördlich des Bodensees gelegenen Internatsschule Schloss Salem. Aufnahme von Juni 2009.

schaftskundelehrer« (Illies 2001, S. 174) noch massiv gegen das Schweigen und den Widerstand ihrer Eltern angehen musste, wurden deren Schüler im Übermaß mit dem Gedenken konfrontiert. In der Folge sehen sie, so Illies, schlichtweg keinen Redebedarf mehr und können stattdessen sehr gut nachvollziehen, was Martin Walser mit der »Dauerpräsentation unserer Schande« meint (vgl. S. 24 dieses Bands). Sie empfinden es daher als Befreiung, beispielsweise über Harald Schmidts Polenwitze lachen zu können, »ohne gleich an den Polenfeldzug 1939 denken zu müssen« (Illies 2001, S. 180).

Auch Kracht stellt in *Faserland* den Selbstanspruch der Deutschen infrage, immer noch und immer wieder ihre Vergangenheit ›bewältigen‹ zu müssen und dadurch die nationalsozialistische Problematik permanent präsent zu halten:

> Ich weiß, daß es mit Deutschland zu tun hat und auch mit diesem grauenhaften Nazi-Leben hier und damit, daß die

> Menschen, die ich kenne und gern habe, so eine bestimmte Kampfhaltung entwickelt haben und daß es für sie nicht mehr anders möglich ist, als aus dieser Haltung heraus zu handeln und zu denken. Das verstehe ich ja noch. Aber manchmal verstehe ich den Ansatz dieser Haltung nicht, die Herangehensweise, und dann frage ich mich, ob das immer schon so war und ob ich nicht vielleicht auch so bin, eben für die anderen überhaupt nicht mehr nachvollziehbar. (S. 70)

2 Inwiefern dient die Schweiz in »Faserland« als Gegenentwurf?

Der Grenzübertritt von Deutschland in die Schweiz und damit zur letzten Station der Reise markiert eine deutliche Zäsur in der Handlung, die gleich auf mehreren Ebenen zum Ausdruck kommt. Auf der sprachlichen Ebene lässt sich durch den Rückgang der Verunsicherungsfaktoren nachvollziehen, dass dem Erzähler plötzlich alles »klarer und vor allem offensichtlicher« (S. 151) erscheint. Die wachsende Sicherheit zeigt sich besonders in der Reduktion des Partikelgebrauchs und der Selbsteinschränkungsfloskeln. In diesem neuen Sprachduktus protokolliert der Erzähler seine Eindrücke zudem viel ausführlicher und detailreicher als bisher. Vor allem benutzt er nun fast ausschließlich positive Attribute – »Zürich ist schön«, »die Straßen in Zürich [sind] so sauber und appetitlich« (S. 147) – bis hin zu regelrechten Klischees:

> Hier in Zürich ist vieles weiß: die Schwäne, die am Ufer des Zürichsees auf die Großmütter warten, mit ihren Plastiktüten voller Sonntagsbrot, die Tischdecken überall vor den Cafés und die hohen Wölkchen am blauen Himmel über dem See. (S. 147)

Deutschland	**Schweiz**
»Kampfhaltung« (S. 70)	charmant (S. 155)
»Maschine« (S. 149, 153)	»Häppchen« (S. 147)
hässlich, grauenvoll, deprimierend, abstoßend (z. B. S. 24, 28, 66)	schön, idyllisch, sauber, appetitlich, vieles weiß (S. 147)
Dystopie (Anti-Utopie)	**Utopie**

Man merkt dem Erzähler an, dass er sich in seinem selbst gewählten Exil, das als letzte Hoffnung zur Idylle stilisiert wird, endlich einmal wohlfühlt und dass er sich hier durch nichts mehr in die Flucht getrieben sieht. In seinem Lebensrhythmus völlig entschleunigt, hält er sich mehrere Tage an einem Ort auf. Wenn er sich fortbewegt, dann auf deutlich langsamere Art und Weise als bisher, nämlich hauptsächlich zu Fuß, am Schluss sogar mit einem Ruderboot. Bezeichnenderweise wird er beim Grenzübertritt »[l]angsam [...] wieder nüchtern« (S. 146) und überlegt sogar kurzzeitig, sich das Rauchen abzugewöhnen (vgl. S. 148). Gleichzeitig kehrt sein Appetit wieder: »obwohl ich mir ja nichts aus Essen mache, habe ich das Gefühl, ständig hungrig zu sein« (S. 147).

Dieser Wandel der Sprache, der Stimmung und des Verhaltens des Protagonisten lässt die Schweiz als eine »Lösung für alles« (S. 151) erscheinen, deren Hauptvorzug es ist, eben nicht Deutschland zu sein: »In Deutschland wäre das alles viel schlimmer. Hier in der Schweiz macht es nicht so viel aus.« (S. 151) Mit dieser Vorstellung von der Schweiz als Gegenentwurf zu Deutschland steht Kracht in einer langen Tradition des deutschen Philhelvetismus, wie Patrick Bühler und Franka Marquardt 2009 in einem Essay zu diesem Thema gezeigt haben. Damit ist ein spezifisch deutscher Blick auf die Schweiz als Rückzugs- und Fluchtort gemeint, der die Eidgenossenschaft als ›bessere‹ Ausgabe des eigenen Heimatlands wahrnimmt. In *Faserland* wird diese Sichtweise auf symbolischer Ebene durch die Suche nach dem Grab von Thomas Mann zusätzlich betont: Während der Erzähler schweizerische Autoren wie Max Frisch und Friedrich Dürrenmatt sowie den Wahlschweizer Hermann Hesse nicht goutiert, wandelt er lieber auf den Spuren desjenigen Deutschen, der geradezu als Verkörperung des ›besseren Deutschlands‹ gilt und sich nach seiner Rückkehr aus dem amerikanischen Exil nach Europa ab 1952 wieder in der Schweiz niederließ, Deutschland jedoch nur noch Besuche abstattete.

Die Schweiz dient deutschen Betrachtern aber nicht nur als Projektionsfläche für Wünsche und Sehnsüchte, sondern auch als Kontrastfolie, um sich angesichts der helvetischen Beschaulichkeit und amüsanten Antiquiertheit momentweise ein bisschen überlegen fühlen zu können (vgl. Bühler/Marquardt 2009, S. 83). In dem Gespräch »Die Schweiz« bringt Joachim Bessing dieses Gefühl auf den Punkt:

> Kracht: Was würdest du eher verschwinden lassen: Deutschland oder die Schweiz? […] / Bessing: Die Bundesrepublik, darauf könnte ich verzichten. / Kracht: Also ist die Schweiz für dich schon eine Art utopischer, erhaltenswerter Zustand. / Bessing: Für mich ist die Schweiz absolut eine Heimat. / Kracht: Aber jedes Mal, wenn du dort bist, stöhnst du doch immer … / Bessing: Ja, unter der Last des deutschen Gepäcks, das ich mit mir bringe, […]. (*New Wave*, S. 172)

Letztendlich kann und muss *Faserland* trotz des Grenzübertritts und Showdowns in der Schweiz als Deutschlandreise gesehen werden, da das Nachbarland hauptsächlich als »Nivellier-Land« (S. 151) wahrgenommen wird.

3 Wie ist das Ende des Romans zu bewerten?

Sachlich betrachtet handelt es sich bei dem Schluss von *Faserland* um ein offenes Ende: Der Ich-Erzähler lässt sich von einem Mann für 200 Franken in einem Ruderboot über den Zürichsee rudern. Doch die Erzählung schließt nicht mit der Ankunft am anderen Ufer, sondern abrupt mit den Worten: »Bald sind wir in der Mitte des Sees. Schon bald.« (S. 158)

Explizit wird hier also nicht davon gesprochen, dass der Held nur die Mitte des Sees erreicht und dort den Tod findet. Doch liegt diese weitverbreitete Interpretation aufgrund zahlreicher symbolischer Vorausdeutungen und der leitmotivischen Bedeutung des Todes im gesamten Roman nahe.

Eine der Kindheitserinnerungen des Protagonisten gilt der Geschichte der Stadt Rungholt, die während einer Sturmflut von der Nordsee verschlungen wird, wobei all ihre Einwohner ertrinken (vgl. S. 19). Wenig später erwähnt der Erzähler eine Brücke, von der sich mit Vorliebe Selbstmörder in den Tod stürzen (vgl. S. 28). Gegen Ende seiner Reise sieht der Erzähler auf dem Rave bei München einen Stelzenmann, der ihm wie der leibhaftige Tod vorkommt (vgl. S. 111). Gleichzeitig erinnert ihn der Rave an das berühmte Triptychon *Der Garten der Lüste* von Hieronymus Bosch (um 1450 bis 1516), und zwar ausgerechnet an Motive des rechten Innenflügels, der die Hölle abbildet (vgl. S. 111). Zu dem mittelalterlich anmutenden Schauspiel der Lust, aber eben auch der Hölle, als das er den Rave wahrnimmt (vgl. S. 112), gesellt sich die Erinnerung an Alexanders Einschätzung, ein heutiger Rave gleiche dem »germanische[n] Endzeit-Ereignis« (S. 112) Ragnarök, der Sage vom Untergang der Götter, wie sie sich in der nordischen Mythologie findet und welche als Erzählung vom Weltuntergang verstanden werden kann.

Kurze Zeit später dringt der Tod in das direkte Umfeld des Erzählers ein, als Rollo während seiner Geburtstagsparty stirbt; und auch dieser Tod hat sich durch viele Vorahnungen angekündigt. Kaum im Haus von Rollos Eltern angelangt, holen den Erzähler die Gedanken an seinen Freund Nigel ein: »Nigel, mit der Nadel im Arm, mit den leeren Augen und dem ganz dünnen Blutfaden in der Spritze« (S. 126). Diese »Erscheinung« (S. 126) des quasi in eine andere Welt abdriftenden und mit seinem Leben spielenden Freundes macht dem Erzähler Angst und er versucht sie durch Alkohol zu vertreiben. Trotzdem ereilt ihn kurz darauf die »Vorahnung von, na ja, etwas Kommendem, etwas Dunklem« (S. 127). Während er sich für die Party präpariert, hat er erneut »diese merkwürdige Vorahnung, daß da bald etwas kommen wird«, und denkt »an Rollo und an seinen Valium-Konsum« (S. 128). Die direkte Konfrontation mit dem ebenfalls schon stark betrunkenen Rollo verursacht die ersten Schuldgefühle, die auch als Motiv für einen möglichen späteren Selbstmord des Ich-Erzählers gesehen werden können. Vorläufig jedoch gelingt es ihm, diese Schuldgefühle zu verdrängen (vgl. S. 132).

Die Reflexionen des Erzählers über Freundschaft und das Verhältnis von Rollo zu den ihn umgebenden Menschen (vgl. S. 138 f.) lassen erkennen, dass er genau wüsste, wie er sich richtig zu verhalten hätte. Sie bleiben aber hypothetisch. Anstatt sich des weinenden Freundes anzunehmen, lässt er ihn in vollem Bewusstsein seines Verrats im Stich und geht unter einem Vorwand weg. In diesem Moment »weiß« er, »daß ich Rollo nicht wiedersehen werde« (S. 145).

Die Flucht in die Schweiz gelingt zunächst, doch holen den Erzähler seine Schuldgefühle in dem Moment wieder ein, als er in der Zeitung vom Tod des Freundes liest. Hochgradig symbolisch und bildhaft werden hier der Tod, die Schuld und die Suche nach Sühne in Szene gesetzt:

Vision der Hölle im rechten Innenflügel von Hieronymus Boschs Triptychon »Der Garten der Lüste« (um 1500, Ausschnitt).

> Ich sehe immer wieder Rollos Namen auf der Seite. [...] Der rote Sirup klebt mir im Mund. [...] Eine kleine Gasse führt hinauf ins Niederdorf, da biege ich rechts ab, und dann bin ich auf einem Platz, zwischen lauter alten Häusern und einer steinernen Kirche. Ich denke, da gehe ich jetzt mal hinein, vielleicht wegen Rollo [...] (S. 150).

Doch die Kirche ist eine protestantische und damit geschlossen. Der Erzähler findet hier weder Vergebung noch Erlösung. Sein nächster Weg führt ihn daraufhin nicht zufällig auf einen Friedhof. Indem es nicht irgendein Friedhof, sondern der Kilchberger Friedhof ist, die letzte Ruhestätte des Autors der Novelle *Der Tod in Venedig* (vgl. S. 88 dieses Bands), wird hier auch auf intertextueller Ebene sowohl die Todesthematik als auch das Problem der nicht eingestandenen Homosexualität vermittelt. Diese kann ebenfalls als Anlass für Schuldgefühle und den Wunsch nach Selbstauslöschung in Betracht gezogen werden. Mit der scheiternden Suche nach dem Grab scheitert auch die Suche des Erzählers nach seiner Identität. Der Tod des Freundes steigert die wachsenden Enttäuschungen während der Reise ins Unerträgliche. Der Mann im Ruderboot verkörpert für den so Gestimmten den Fährmann Charon, der in der griechischen Mythologie die Abgeschiedenen über den Totenfluss Acheron ins Totenreich steuert, während das aus Goethes *Wandrers Nachtlied (Ein gleiches)* (1780) entlehnte Schlusswort »bald[e]« die folgende Gedichtzeile »Ruhest du auch« mitdenken lässt. Es wird klar, dass das mit den Worten »schon bald« angedeutete Ziel nicht das andere Ufer ist, was auch als Symbol für ein mögliches Coming-Out des Protagonisten stehen könnte, sondern die Mitte des Sees und damit das Nichts, der Punkt ohne Wiederkehr.

Dass der Erzähler die gleiche Todesart wählt wie Rollo, kann ebenfalls als eine Art Schuldeingeständnis dem Freund gegenüber und als Versuch der Buße gewertet werden. Auch der Identitätskonflikt hinsichtlich der verdrängten Homosexualität und generell das Leiden an einem sinnentleerten Leben kommen als Motivationen für die Selbstauslöschung infrage.

Allerdings darf nie vergessen werden, dass man es in *Faserland* mit einem hochgradig unzuverlässigen, gerne ironischen Erzähler zu tun hat. Vielleicht dient auch der Romanschluss nur dem Zweck, den Leser zu melodramatischen Schlussfolgerungen zu provozieren. Eine solche Lesart legen das Schlusstableau des in *New Wave* abgedruckten *Faserland*-Treatments (vgl. S. 121 dieses Bands) sowie eine heiter-ironische Passage aus der Textsammlung *Ferien für immer* nahe. Kracht schlägt darin vor, »den im Odeon ausliegenden ›Tagi‹ [den Zürcher *Tages Anzeiger*] zu stehlen, um bei einer anschließenden Tretbootfahrt auf dem Zürichsee gen Küsnacht hin irgendwann in der Mitte Pause zu machen und dann in der Nachmittagssonne lachend zu lesen« (S. 26).

V Literaturgeschichtliche Einordnung

Christian Krachts *Faserland* wird mit Recht als Initialzündung für die neue deutschsprachige Popliteratur der sogenannten Popmoderne bezeichnet. Der Roman markiert den Beginn einer Reihe von Büchern, die einen neuen Ton in die Gegenwartsliteratur brachten und Populärkultur nicht nur offensiv thematisierten, sondern in sich auch die Grenze zwischen Hoch- und Populärkultur durchbrachen. Damit entsprachen sie einer Forderung der postmodernen Theoriebildung. Die Popliteratur der 1990er-Jahre ist überdies in der Tradition verschiedener Popliteratur-Strömungen zu sehen, die in der Gegenwartsliteratur seit 1945 zu beobachten sind.

Für die Pop-Entwicklung innerhalb Deutschlands ist die sozialgeschichtliche Sonderstellung des lange geteilten Landes von Bedeutung. Die Situation nach dem Zweiten Weltkrieg war durch die belastete Vergangenheit, die Bedrohung durch den Kalten Krieg und nicht zuletzt die zunächst katastrophale wirtschaftliche Situation nicht mit den Voraussetzungen und Bedingungen der angloamerikanischen Industriestaaten zu vergleichen. Insofern konnten sich jegliche Pop-Phänomene und ihre jugendkulturellen Begleiterscheinungen in Deutschland kaum eigenständig herausbilden, sondern waren anfangs immer kulturelle Importe.

In der frühen Nachkriegszeit wurde unter ›populärer Kultur‹ vornehmlich die tradierte Trivialkultur der Heimatfilme, Volks- und Schlagermusik verstanden. Die popkulturellen Ausdrucksformen aus Übersee hingegen avancierten in den Fünfziger- und Sechzigerjahren zum idealen Verständigungsmedium der jungen Generation, die sich in neuen Milieus und Subkulturen formierte und sich sowohl von der bürgerlichen

Hochkultur als auch der volkstümlichen Unterhaltungskultur der Elterngeneration durch die Entwicklung von jugendkulturellen Stilen symbolisch abgrenzte.

Auch der Ursprung der Popliteratur liegt im Amerika der Fünfziger- und Sechzigerjahre. Die Idee wurde von einem amerikanischen Literaturprofessor, die Praxis dann von ambitionierten Jung-Schriftstellern nach (West-)Deutschland importiert. Während in Deutschland die *Gruppe 47* einen ›literarischen Humanismus‹ und die *Frankfurter Schule* ihre ›Kritische Theorie‹ propagierten und im Literaturbetrieb über eine reflektierte und avancierte Kunst sowie die Zukunft der Literatur nach dem Holocaust verhandelt wurde, sorgte in Amerika die sogenannte *Beat Generation* mit ihren wichtigsten Vertretern Allen Ginsberg (1926–1997) und Jack Kerouac (1922 bis 1969) für Aufsehen. Die ›Beatniks‹ wandten sich gegen den amerikanischen Mittelstand, um ihm zu entfliehen. Als Mittel dazu dienten ihnen eine unverblümte Umgangssprache, Obszönitäten, Improvisation und Satire. Ihr gemeinsames Lebensgefühl lässt sich als individuell, unstet, anarchistisch und von Exzessen, Sex, Drogen, Spiritualität und Tabubruch geprägt beschreiben. Hiervon angeregt, aber teils auch als Gegensatz zum Beat, entstand gleichzeitig eine amerikanische Popliteratur, für die die Hinwendung zur Populär- und Massenkultur und ein strikter Gegenwartsbezug konstituierend waren. Zum großen Vorbild der Pop-Bewegung wurde Frank O'Hara (1926–1966). Seine *Lunch Poems* (1964) brachte Kiepenheuer & Witsch 1969 in deutscher Übersetzung heraus.

Diese neuen literarischen Entwicklungen hatte der amerikanische Literaturprofessor Leslie Aaron Fiedler im Hinterkopf, als er 1968 in Freiburg auf dem Symposium *Für und wider die zeitgenössische Literatur in Europa und Amerika* den Stegreifvortrag *A Case for Post-Modernism* hielt, der bald als Gründungsmanifest der Postmoderne und später auch als

Initialtext der Popliteratur angesehen wurde. Fiedler gab mit ihm den Anstoß zur deutschen Popliteraturdebatte.

In seinem Vortrag und dem daraus entstehenden Essay proklamierte Fiedler den Tod der Moderne und die Geburt der Postmoderne, deren Aufgabe und Ziel es angesichts der pluralistischen Gesellschaft sei, die Klassen- und Generationsunterschiede einzuebnen und die Kluft zwischen Elite- und Massenkultur, zwischen Künstlern und Publikum, zwischen Kritikern und Publikum sowie zwischen Mythos und Wirklichkeit durch Parodie, Ironie, Groteske, Übertreibung oder Imitation klassischer Vorbilder zu überbrücken. Im Gegensatz zur totgesagten fortschrittsgläubigen Moderne sollte die postmoderne Literatur, passend zur neuen Zeit, anti-künstlerisch, anti-seriös, ekstatisch, magisch, anti-rational, offen-romantisch, sentimental, apokalyptisch und anti-marxistisch sein und den Kompromiss des Marktplatzes nicht fürchten.

Mit seinen Thesen stieß Fiedler auf fruchtbaren Boden, denn an den Rändern des deutschen Literaturbetriebs blickte man nicht erst in den späten Sechzigerjahren nach Amerika. Bereits Ende der Fünfzigerjahre wurden junge amerikanische Beat-Autoren in Zeitschriften vorgestellt. Es folgten Anthologien und Übersetzungen. Jack Kerouacs Kult-Roman *On The Road* (1957) sowie Allen Ginsbergs Gedichtband *Howl* (1956) erschienen bereits 1959 in deutschen Ausgaben (*Unterwegs* und *Geheul*). Beide Schriftsteller inspirierten die jüngere Generation und Autoren wie etwa Jörg Fauser (1944–1987) oder Rolf Dieter Brinkmann (1940–1975). Letzterer war es, der zusammen mit Ralf-Rainer Rygulla (geboren 1943) diese neue amerikanische und britische Szene unter anderem durch das wohl berühmteste Pop-Lesebuch dieser Zeit, *Acid* (März 1969), bekannt machte. Auch als Theoretiker sowie durch seine eigenen Texte wurde er zu einer zentralen Figur der ersten Phase deutschsprachiger Popliteratur.

Man kann zu dieser Zeit allerdings nicht von einer homogenen Schreibweise beziehungsweise einem verbindlichen literarischen Programm der deutschen Popliteratur sprechen. Stattdessen kamen popliterarische Ansätze aus ganz verschiedenen Richtungen und Motivationen. So stand etwa Brinkmann in Verbindung mit der sogenannten Kölner Schule des *Neuen Realismus* um Dieter Wellershoff (geboren 1925), welcher damals als Lektor im Programm des Kölner Verlags Kiepenheuer & Witsch die Literatur der jüngeren Generation förderte.

Nach dem ernüchternden Ende der Studentenbewegung kehrte ein trauriger Ton in die Literatur ein. Obwohl der Studentenprotest seine revolutionären Ziele nicht hatte verwirklichen können, war mit der Pop- und Rockkultur ein wichtiges künstlerisches Medium entstanden. In den Büchern von Autoren wie Jürgen Theobaldy (geboren 1944), Nicolas Born (1937 bis 1979), Friedrich Christian Delius und Wolf Wondratschek (beide 1943 geboren), aber auch Peter Schneider (geboren 1940) und Bernward Vesper (1938–1971) wirkten die Impulse der Popliteratur in den folgenden Jahren auf vielfältige Art weiter.

Die nach Brinkmann nächste dominierende Figur der deutschsprachigen Popliteratur trat 1983 als Repräsentant einer neuen Generation, des sogenannten *Suhrkamp-Pop,* auf den Plan: Mit einer durch den berühmten Stirnschnitt blutigen (Selbst-)Inszenierung beim Klagenfurter Dichterwettstreit zeigte Rainald Goetz (geboren 1954), dass die neuen Popliteraten nach wie vor die Provokation suchten, mit der sie vor allem das literarische Establishment treffen wollten. Der damals vorgetragene Text *Subito* wurde zum Manifest der Achtzigerjahre-Pop-Poetik.

Neben der durch den Mauerfall und das Ende des Kalten Kriegs veränderten politischen Wirklichkeit und einer durch Video, Computer und Internet immer komplexeren medialen Welt bedingten zwei weitere wichtige Voraussetzungen das

Aufkommen der dritten Phase deutschsprachiger Popliteratur: zum einen die erneute Etablierung einer Art Popliteratur im Ausland, die jungen deutschen Autoren als Inspiration diente, zum anderen die zeitgleiche Forderung nach einer neuen deutschen, lesbaren und international konkurrenzfähigen Literatur, welche in der Debatte um die Gegenwartsliteratur nach der Wende laut wurde. Man kann von einer ähnlichen Situation sprechen wie gut zwanzig Jahre zuvor zu Zeiten von Fiedler und Brinkmann: In Amerika sorgte seit seinem Debütroman *Less Than Zero* (1985; deutsch *Unter Null*, 1986) Bret Easton Ellis (geboren 1964) für Furore und in England etablierten zu Beginn der Neunzigerjahre Nick Hornby (geboren 1957) und insbesondere Irvine Welsh (geboren 1958) eine neue Ausprägung der Popliteratur, ohne dass diese dort allerdings als solche bezeichnet wurde. Auch in Frankreich kamen in diesem Jahrzehnt zwei ›enfants terribles‹ durch ihr kühles und sarkastisches Aufzeigen der Gewalt und Brutalität unter den hübschen Oberflächendesigns der Neuen Medien und der globalisierten Welt groß heraus: Michel Houellebecq (geboren 1956) mit den Romanen *Extension du domaine de la lutte* (1994, deutsch *Ausweitung der Kampfzone*, 1999) und *Les Particules élémentaires* (1998, *Elementarteilchen*, 2001) sowie Frédéric Beigbeder (geboren 1965) mit seinem Roman *99 francs* (2000, deutsch *Neununddreißigneunzig*, 2001).

Dass diese Autoren zu Vorbildern werden konnten, lag jedoch auch an der erwähnten spezifischen Situation des deutschen Literaturbetriebs nach der Wende. Gefordert wurde von vielen Verlegern, Lektoren und Schriftstellern ein ›neues Erzählen‹, unterhaltsame Bücher, wie sie schon lange beispielsweise in Amerika produziert wurden und in Deutschland reißenden Absatz fanden. Bisherige Qualitätsmerkmale wie politisches Bewusstsein, Avanciertheit und Engagement sollten ersetzt werden durch Kategorien wie ›Neue Lesbarkeit‹,

Realismus und Unterhaltung. Darauf reagierten etliche, insbesondere ältere Kritiker aus Sorge um die künstlerische Qualität mit energischem Protest. Die in diesem Meinungsstreit ausgetauschten Argumente glichen in mancher Beziehung denen der um 1968 geführten Debatte. Jedoch ging es nun um die Etablierung einer Popliteratur innerhalb des Kulturbetriebs und nicht mehr in Opposition dazu oder als ›Underground‹.

Trotz aller Widerstände ging das Konzept auf. Schon mit ›postmodernen‹ Bestsellern wie zum Beispiel dem historischen Roman *Das Parfum* (1985) von Patrick Süskind (geboren 1949) oder Robert Schneiders (geboren 1949) *Schlafes Bruder* (1992) fasste die deutschsprachige Literatur auf dem internationalen Markt Fuß. Es zeigte sich, dass sich längst ein Paradigmenwechsel vollzogen hatte und sich der Geist des Literaturbetriebs wandelte.

Die Literatur von Christian Kracht, Benjamin von Stuckrad-Barre und anderen ihnen nahestehenden Autoren ist dabei nur eine Antwort auf die Debatte um die deutschsprachige Gegenwartsliteratur nach der Wende und auf die Forderung nach einer Neuen Lesbarkeit und einem Neuen Erzählen. Von der Literaturkritik bald mit dem Reizwort Pop versehen, sorgte sie allerdings für besonders viel Aufsehen.

Die Popliteratur der 1990er-Jahre ist eine Literatur, welche die zeitgenössische Popkultur mit all ihren Phänomenen und Ausprägungen sowohl auf inhaltlich-thematischer als auch auf formal-stilistischer Ebene literarisch verarbeitet und sie in den meisten Fällen neutral, wohlwollend oder sogar emphatisch darstellt, sie aber durchaus auch kritisch reflektiert. Popkultur wird dabei als eine ganzheitliche Lebensweise verstanden, die sich unter anderem in ihrer Betonung von Körperlichkeit und Sinnlichkeit von der sogenannten Hochkultur abgrenzt. Sie lässt sich nicht auf Popmusik reduzieren, sondern umfasst auch Moden, Marken, Medien, Stile und diverse Selbstinszenierungs- und Distinktionsstrategien vornehmlich Jugendlicher. Da sich Popliteratur immer mit ihrer eigenen Gegenwart beschäftigt, lassen sich ihre diversen Phasen anhand dieses Kriteriums gut voneinander abgrenzen.

Für die Popliteratur der 1990er-Jahre sind folgende Vertreter repräsentativ: Das popkulturelle Quintett um Joachim Bessing (geboren 1971), vor allem Christian Kracht (geboren 1966) und Benjamin von Stuckrad-Barre (geboren 1975), einige bekanntere Autoren des 1999 erschienenen Avant-Pop-Readers *Mesopotamia*, der Generations-Experte Florian Illies (geboren 1971), die Initiatoren und manche Mitwirkende des Internet-Forums *ampool.de*, vor allem also Sven Lager (geboren 1965) und Elke Naters (geboren 1963), sowie die Popliteratinnen Alexa Hennig von Lange (geboren 1973), Else Buschheuer (geboren 1965) und auch Sibylle Berg (geboren 1962). Unter gewissen Vorbehalten sind auch Thomas Brussig (geboren 1964) und Benjamin Lebert (geboren 1982) in diesen Kontext einzuordnen. Für diese junge Popliteratur ab der Mitte der Neunzigerjahre beziehungsweise für die Zeit, die sie literarisch prägt, wurde von verschiedenen Seiten die Bezeichnung ›Popmoderne‹ ins Spiel gebracht. Wesentlich an diesem Kompositum ist neben dem betonten Bezug zum Pop die offensichtliche Anlehnung an den Begriff ›Postmoderne‹ – denn neben den bereits erwähnten, für Popliteratur grundlegenden Aspekten Popkultur und Gegenwart darf man einen dritten nicht übersehen: lustvolles Erzählen abseits von bisherigen Erzählmustern. Mit diesen Forderungen und Ideen wurde die literarische Postmoderne ins Leben gerufen.

In der Tat zeigt sich beim genaueren Hinsehen, dass – gerade auf formaler Ebene – viele der typischen postmodernen Strategien wie die Intertextualität, die Textsorten- und Genremischung sowie vor allem natürlich die Ironie sich auch in den popliterarischen Schreibweisen wiederfinden. Etliche Forderungen Fiedlers, etwa die Annäherung an die modernen Massenmedien, werden sogar erst von der aktuellen Popliteratur in vollem Umfang verwirklicht.

Neben der Orientierung an der Popkultur der Gegenwart, mit der die Opposition zur Hochkultur beziehungsweise der Gegensatz zur traditionellen Literatur und Aspekte wie Jugend(-lichkeit), Sinnlichkeit und Körperlichkeit verknüpft sind, bedient sich die Literatur der Popmoderne nach wie vor und sogar verstärkt postmoderner Verfahren und Strategien. Besonders hervorzuheben ist dabei der Anspruch, eine breite Leserschaft anstatt eines Elitepublikums zu erreichen, die Balance zwischen Ambition und Unterhaltung zu wahren und ohne moralisierende oder politisch-didaktisierende Intention einen undogmatischen Umgang mit der Vergangenheit zu pflegen.

VI Rezeption

Faserland wurde von der Literaturkritik mit gemischten Gefühlen aufgenommen, allerdings noch nicht so grundsätzlich verrissen wie später manch anderer Roman von Newcomern auf der Bühne der Popliteratur.

Nach der ersten, zweiseitigen und sehr wohlwollenden Rezension im *Spiegel* (Ausgabe vom 20. Februar 1995) durch Thomas Hüetlin versäumte es keine renommierte Zeitung oder Zeitschrift, *Faserland* zu besprechen. Zahlreiche Rezensenten würdigten das erzählerische Talent Krachts und den bewussten Verzicht auf verkrampfte literarische Ambitionen. Vor allem die genauen Beobachtungen und Wahrnehmungen aus ungewöhnlichen Perspektiven, die zu »komische[n] und scharf beobachtete[n] Szenen« (Gustav Seibt in der *Frankfurter Allgemeinen Zeitung*, Ausgabe vom 22. Mai 1995) führen, fanden Anklang. Jamal Tuschick erklärte im *Rheinischen Merkur* (Ausgabe vom 24. März 1995), man könne wohl manches »gegen dieses Frühwerk eines Begabten« einwenden, »das nicht zuletzt den Prinzipien eines ordentlichen Roadmovie folgt, und dessen Urheber um Originalität nicht sonderlich besorgt scheint«. Jedoch könne man dem Roman »auch einiges zugute halten: liefert er doch eine erfrischende, vermutlich sogar authentische Darstellung bestimmter Verhältnisse hierzulande, von denen man sonst bloß in Illustrierten liest«. Thomas Hüetlin (siehe oben) befand, Krachts Erkenntnis, dass Politik nur noch ein lächerliches Ritual ist, sei »nicht unbedingt neu«, doch habe »kein anderer deutscher Autor je auf so lakonische Art darüber geschrieben«. Selbst Kritiker, die das »sehr genau gebaut[e] Buch« für »unverschämt unliterarisch« (Walter Vogl im *Presse-Spectrum*, Ausgabe vom 17. Juni 1995) und für »ungefähr so wertvoll wie seine abschätzige Titelpointe« (Seibt, siehe oben) hielten, räumten ein, dass es gewisse Qualitäten besitze und dass es Kracht gelinge, durch die Artikulation selten ausgesprochener Emotionen und das Brechen von Tabus Wirkung zu erzielen. »Je unverschämter der Held es darauf anlegt, seine Leser anzuöden, desto interessanter wird er«, lautete beispielsweise die Analyse von Martin Krumbholz, denn »je beflissener er die Oberflächen seiner Existenz poliert, [...] desto klarer läßt sich das Vakuum erkennen, das darunter liegt und gefüllt werden möchte« (Martin Krumbholz im *Freitag*, Ausgabe vom 24. März 1995). Und auch für Stefan Beuse war es gerade diese Provokation, die »Dinge des Alltags unreflektiert an der Oberfläche abzubilden – ohne jede emotionale Aufladung« (Beuse 2001, S. 153), die das Buch bemerkenswert macht.

Während Eberhard Falcke (*DIE ZEIT*, Ausgabe vom 7. April 1995) Kracht für *Faserland* am liebsten einen Literatur-Oscar für die beste Nebenrolle verliehen hätte, wurde Kracht von anderen Rezensenten vorgeworfen, weder erzählen zu können noch Kontrolle über seine Sprache zu haben: Michael Schmitt fand das »bieder[e] Gestaltungsmittel« des Produkt- und name-dropping-Realismus sowie die »brave Anordnung symptomatischer Reisestationen« mit ihren »immergleichen Erzählelementen« ermüdend (*Neue Zürcher Zeitung*, Ausgabe vom 5. März 1995). Christoph Vormweg hielt den »mal in schnoddrig-lakonischem, mal in verachtend-arrogantem Ton gehaltenen Phrasenkatalog [für] so dokumentarisch wie unerträglich« (*Süddeutsche Zeitung* vom 5. März 1995). »Was ihm an Phantasie abgeht, ersetzt Kracht durch Dreistigkeit und forcierte ›Hipness‹; was ihm an Genauigkeit abgeht, durch wehleidige Unverschämtheit, verpoppte Sentimentalität und offenen Kitsch«, urteilte Martin Halter (*Tages Anzeiger* vom 28. April 1995). Aufgrund seiner angeblichen Substanzlosigkeit wurde *Faserland* von Sven Gächter als »ziemlich unbedeutendes Buch« abgetan (*Profil*, Nr. 19, 8. Mai 1995).

Einige grundlegende Aspekte und Argumentationsmuster kehren in den zahlreichen Rezensionen regelmäßig wieder: So wurde häufig auf außerliterarische Kriterien wie die Person des Autors, den politischen und gesellschaftlichen Kontext des Buchs oder Krachts literarische Vorbilder eingegangen. Regelmäßig wurden dabei J. D. Salinger (1919–2010) und dessen Roman *The Catcher in the Rye* (1951), Jack Kerouac (1922 bis 1969) und vor allem Bret Easton Ellis (geboren 1964) herangezogen. Ferner wurde immer wieder mit starker Betonung darauf verwiesen, dass Kracht zum einen Salem-Schüler war und zum anderen *tempo*-Redakteur sei, zudem, dass sein Vater Generalbevollmächtigter des Axel-Springer-Verlags gewesen sei, was ihm mehr als einmal den Vorwurf des Nepotismus (der ›Vetternwirtschaft‹) eintrug. Es ist zu beobachten, dass viele Kritiker der bei *Faserland* besonders großen Verführung nachgaben, das Buch positivistisch zu lesen und den Autor mit seinem Protagonisten gleichzusetzen. Gustav Seibt sprach in der *FAZ* (siehe oben) gar davon, dass »Krachts Verzweiflung ziellos [ist]«. Auch Thomas Ernst unterschied nicht zwischen Ich-Erzähler und Autor, wenn er über die Handlung des Romans schrieb, der »Wohlstandsbubi« reise von Sylt nach Zürich und kommentiere dabei »zynisch die Menschen und Moden durch die Brille eines ehemaligen Mitarbeiters des Lifestyle-Magazins *Tempo*« (Ernst 2001, S. 72).

Dass Kracht bereits als Journalist bekannt war, machte sein Debüt auf besondere Art bemerkenswert, führte allerdings häufig auch zu einer Degradierung des Buchs, das nicht als Roman, sondern als »schillernde Subspezies der literarischen Ereignisse« (Gächter, siehe oben) angesehen wurde.

Von der ›Neuen deutschen Popliteratur‹ war bei Erscheinen des Romans 1995 noch keine Rede. Erst rückblickend wurde *Faserland* nicht nur zum Kultbuch, sondern auch von der Literaturkritik als Meilenstein für die Popliteratur der 1990er-

Jahre gewertet. Dennoch tauchen schon in den Besprechungen von *Faserland* viele Argumentationsmuster auf, die die spätere Rezeption der deutschsprachigen Popliteratur der 1990er-Jahre prägten. Vor allem wurde sichtbar, dass es sich bei der Debatte um die neue deutsche Popliteratur um einen Generationskonflikt handelte: Im Zentrum der Kritik standen junge Autorinnen und Autoren, die mit ihren Debüt-Romanen große Aufmerksamkeit hervorriefen, was dem politisch engagierten Pop der vergangenen Jahrzehnte zu großen Teilen verwehrt geblieben war. Als Reflex darauf wurde dieser bei einem großen Publikum erfolgreichen jungen Literatur literarische Minderwertigkeit unterstellt, die sich an einer allzu eingängigen Erzählweise, an der scheinbaren Oberflächlichkeit und vor allem an den bisher in Deutschland nicht ›literaturfähigen‹ Text-Gegenständen aus der jugendlichen Lebenswelt (Musik, Konsum, Party, Drogen) festmachte.

Die Kritik kam dabei zum einen von den »schäumende[n] Jungkritiker[n]«, die ohne reichen Vater »ihren Betriebsfrust sublimieren«, zum anderen von den »Altvordern« mit ihren Vorurteilen gegenüber jungen Autoren (Gächter, siehe S. 116 dieses Bands). Sie beruhte allerdings nur auf einigen wenigen, immer wiederkehrenden Argumenten: In erster Linie machte man den Popliteraten fehlende politische Ambitionen zum Vorwurf. An zweiter Stelle wurde ihre Geschäftstüchtigkeit argwöhnisch beäugt. Die offensiven Vermarktungsstrategien und der daraus resultierende kommerzielle Erfolg erschienen großen Teilen des Literaturbetriebs hochgradig suspekt, da die jungen Autoren nicht mehr das traditionelle Bild des Schriftstellers bedienten und durch ein neues Image provozierten, das gezielt auf die Unterhaltungsfunktion von Literatur baute. Diese Strategie führte dazu, dass man popliterarischen Werken häufig nicht einmal das Attribut ›Literatur‹ zuerkannte. Hier wurde ein Kampf um kulturelle Deutungshoheit ausgetragen, der aus einer doppelten Kränkung resultierte: Die ›Jungen‹ machten es sich angeblich zu leicht – und hatten auch noch Erfolg damit.

Insgesamt ist bei der Kritik an Popliteratur zu beobachten, dass ästhetische durch moralische Maßstäbe ersetzt werden. Katharina Rutschky belegt, dass dies schon immer der Fall war, und führt als Beispiel eine Kritik von Siegfried Kracauer aus dem Jahr 1932 zu Klaus Manns *Treffpunkt im Unendlichen* an. Wie Klaus Mann folgen auch Stuckrad-Barre, Kracht oder Hennig von Lange, so Rutschky, dem überzeitlichen Muster von Goethes *Werther*, was beweise, dass jede Generation ihre eigene »Wertherzeit« habe (vgl. Rutschky 2003).

Inzwischen hat sich eine genauere und unvoreingenommenere Betrachtungsweise der Neuen Deutschen Popliteratur durchgesetzt; und auch Kracht hat sich nicht zuletzt durch seine Nachfolge-Romane als ernst zu nehmender Schriftsteller etabliert, der nicht selten als Muster für gute deutschsprachige Literatur herangezogen wird.

Faserland ist nicht nur in Deutschland zu einem Bestseller und Kultbuch geworden, sondern war auch außerhalb des deutschsprachigen Raums ein großer Erfolg. Die Homepage des Autors listet unter anderem Übersetzungen ins Italienische, Russische, Ukrainische, Rumänische, Litauische, Lettische, Tschechische, aber auch ins Japanische, Koreanische und Hebräische auf.

Auf *YouTube* finden sich etliche Videos mit unterschiedlichen kleinformatigen filmischen Umsetzungen des *Faserland*-Themas als Unterrichtsprojekt.

Nachdem von seinen beiden anderen Romanen, *1979* und *Ich werde hier sein im Sonnenschein und im Schatten*, bereits Bühnenfassungen in verschiedenen Theaterhäusern gespielt wurden, hatte am 14. April 2012 eine erste Inszenierung von *Faserland* unter der Regie von Robert Lehniger am Schauspiel Hannover Premiere (vgl. das Covermotiv dieses Bands).

Allerdings hat Kracht selbst den *Faserland*-Stoff bereits in den Jahren 2003 und 2004 zusammen mit Eckhart Nickel in ein Treatment sowie ein unvollendetes Drehbuch zu einem Science-Fiction-Film gleichen Namens verwandelt. Beide wurden 2006 in *New Wave* veröffentlicht.

Die Struktur der erfolglos suchenden Reise in *Faserland* von Sylt über Hamburg, Frankfurt, Heidelberg nach Süden und in die Schweiz ist in dem Treatment beibehalten worden, ebenso die Namen und Verortungen wichtiger Figuren. Doch hinsichtlich Plot und Setting schlagen Kracht und Nickel ganz andere Wege ein. Statt Gegenwartsdiagnostik bieten sie eine skurrile Zukunftsvision:

In einer durch einen Reaktorunfall zur Hälfte radioaktiv verseuchten Bundesrepublik, die seit dem Unglück eine geradezu militante Renaissance des Christentums erlebt und in der inzwischen alle Ansagen auch auf Chinesisch getätigt werden, macht sich ein nach einem Unfall gedächtnisloser junger Mann auf den Weg, eine junge Frau aus der ostdeutschen Sperrzone zu holen. Seine Suche führt ihn zu seinem Freund Nigel ins »neo-evangelische« Hamburg, nach Heidelberg, wo er auf den Verbindungsstudenten Eugen und bizarre Gadamer-Festspiele trifft – der Hauptvertreter der philosophischen Hermeneutik Hans-Georg Gadamer (1900–2002) lehrte in Heidelberg –, und an den Bodensee. Verfolgt beziehungsweise begleitet wird er zum einen durch einen undurchsichtigen Chefarzt sowie zum anderen durch eine schöne junge Frau namens Rolla, die sich als Transvestit entpuppt. Beide scheinen hinter einem kleinen Stahlkästchen mit der Aufschrift »Dönitz« her zu sein, das den Unfall des Helden auslöste und scheinbar auch mit der Reaktorkatastrophe in

Zusammenhang steht. Dieses Kästchen bildet den bis zum Schluss nicht erklärten ›MacGuffin‹ (ein Objekt, das die Handlung vorantreibt, ohne selbst weiter von Bedeutung zu sein) der Geschichte, die – ganz wie die Romanvorlage – mit dem rettenden Überschreiten der deutsch-schweizerischen Grenze endet. Dort verschließt der Protagonist lächelnd das Kästchen in einem Banksafe und genießt den Anblick von »lachende[n] und winkende[n], glückliche[n] hasidische[n] [jüdisch-orthodoxen] Familien«, die mit kleinen roten Elektrobooten auf dem Zürichsee ein »friedliches, synchrones, fast ballettartiges Wettrennen« veranstalten (*New Wave*, S. 262).

Während das Treatment phasenweise sehr rätselhaft ist, enthält das unvollendete, offenbar ein Jahr früher entstandene Drehbuch einige weitere Informationen, die manche Zusammenhänge erläutern, andererseits aber auch zusätzliche Verwirrung stiften. So wird klar, dass der Held, der hier den Namen Alfie trägt, Spielball einer großen Verschwörung ist. Zum Beispiel hat das Ärzteteam um Dr. Rebenmaul durch eine Operation dafür gesorgt, dass er niemanden erkennt, während alle entsprechend präparierten Personen ihn wiedererkennen. Auch wurde Alfies Wagen manipuliert, sodass er gezwungen ist, den Zug nach Hamburg zu nehmen. In diesem erklärt ihm Dr. Rebenmaul Näheres über die Zone und auch die militanten Konfessionspapier-Kontrollen: »Seit dem Unfall ist das so. Die Menschen haben zurückgefunden zur Kirche. Und die Kirche benimmt sich gleich wie der Staat.« (*New Wave*, S. 281) Dr. Rebenmaul befindet sich sogar im Bad von Nigels Wohnung, in dem Rolla sich schminkt, bevor sie Alfie das erste Mal anspricht. Während Rolla hier und auch an späterer Stelle verzweifelt davon spricht, dass sie »das« nicht schaffe, erklärt Rebenmaul ihr, dass sie keine andere Wahl habe. Auch Rolla scheint also eine Marionette von Alfies Gegenspielern zu sein.

Betrachtet man Drehbuch und Treatment, scheint vieles darauf hinzudeuten, dass Alfie beziehungsweise der Held der Geschichte dazu gebracht werden soll, das Stahlkästchen aufzubrechen. Dieses könnte für das Atomunglück verantwortlich sein. Es wurde in Berlin von Rolla geöffnet, während dies dem Ärzteteam um Dr. Rebenmaul nicht gelang.

Neben der schwer zu durchschauenden und an der Grenze der Logik operierenden Handlung zeichnet sich das Treatment vor allem durch die vielen fantastischen Details aus, mit denen es ausgeschmückt ist. Ein seltsamer Albtraum, den der Held während des Flugs von Hamburg nach Frankfurt durchlebt und in dem er einem Rabbi beim Sabbat-Gebet und einem Greis mit einer Walnuss in der Hand begegnet, eine unmotivierte Würgeattacke durch den Schauspieler Udo Kier im Zug nach Heidelberg, das erotisch stimulierende Riechen an getragenen Socken, die abstoßenden sexuellen Exzesse im Heidelberger Verbindungshaus, die mit NS-Attributen gespickten Hans-Georg-Gadamer-Festspiele auf der symbolträchtigen Heidelberger Thingstätte sowie die Fragen, warum sich der Held der Geschichte ohne Probleme als alter Herr namens »Wiligut« ausweisen kann, warum es ihm nicht gelingt, ein Glas Milch zu trinken, warum er sich nach dem Grenzübertritt wieder in den Mann verwandelt, der er vor dem Unfall war, und warum Eugen eine fleischfarbene Steckdose in seinem Bauch hat, verlangen nach einer eigenen, ausführlichen Analyse und Interpretation.

Auswahlbibliographie

Werke von Christian Kracht

KRACHT, CHRISTIAN: Faserland. Köln: Kiepenheuer & Witsch 1995. Zitiert wird nach der Taschenbuchausgabe: München: Deutscher Taschenbuch Verlag 2002, 10. Auflage 2009.

KRACHT, CHRISTIAN, und ECKHART NICKEL: Ferien für immer. Die angenehmsten Orte der Welt. Köln: Kiepenheuer & Witsch 1998. (Zitiert wird die dtv-Ausgabe von 2001 als: *Ferien für immer.*)

KRACHT, CHRISTIAN: New Wave. Köln: Kiepenheuer & Witsch 2006. (Zitiert wird die dtv-Ausgabe von 2008 als: *New Wave.*)

Weitere Primärtexte

BESSING, JOACHIM (Hrsg.): Tristesse Royale. Das popkulturelle Quintett mit Joachim Bessing, Christian Kracht, Eckhart Nickel, Alexander v. Schönburg und Benjamin v. Stuckrad-Barre. Berlin: Ullstein Verlag 1999.

ILLIES, FLORIAN: Generation Golf. Eine Inspektion. Berlin: Argon Verlag 2000 (zitiert wird die Ausgabe des Fischer Taschenbuch Verlags 2001 mit dem Kürzel: Illies 2001).

STUCKRAD-BARRE, BENJAMIN VON: Livealbum. Köln: Kiepenheuer & Witsch Verlag 1999 (zitiert als: *Livealbum*).

WALSER, MARTIN: Erfahrungen beim Verfassen einer Sonntagsrede. In: Börsenverein des Deutschen Buchhandels (Hrsg.): Friedenspreis des Deutschen Buchhandels 1998, Martin Walser. Ansprachen aus Anlaß der Verleihung. Frankfurt am Main: Börsenverein des Deutschen Buchhandels 1998.

Zu Biographie und Gesamtwerk Christian Krachts

BIRGFELD, JOHANNES, und CLAUDE D. CONTER: Christian Kracht. Zu Leben und Werk. Köln: Kiepenheuer & Witsch Verlag 2009.

Interviews

AMEND, CHRISTOPH, und STEFAN LEBERT: »Ich weine oft«. In: Der Tagesspiegel (Berlin) vom 2. Juli 2000 (zitiert als: Amend/Lebert 2000).

REENTS, EDO, und VOLKER WEIDERMANN: »Ich möchte ein Bilderverbot haben«. In: Frankfurter Allgemeine Sonntagszeitung vom 30. September 2001 (zitiert als: Reents/Weidermann 2001).

WALTER, GUIDO: Die legendärste Party aller Zeiten. In: Berliner Zeitung vom 19. Juli 1995 (zitiert als: Walter 1995).

WEHLINGS, SEBASTIAN, und INGO MOCEK: »Ich hasse Busfahrer!« – »Ich auch!« In: jungle world vom 3. Juni 1998.

Einzeluntersuchungen zu »Faserland«

BEUSE, STEFAN: »154 schöne weiße leere Blätter«. Christian Krachts Faserland (1995). In: WIELAND FREUND und WINFRIED FREUND (Hrsg.): Der deutsche Roman der Gegenwart. München: Wilhelm Fink Verlag 2001, S. 150–155 (zitiert als: Beuse 2001).

BIENDARRA, ANKE S.: Der Erzähler als ›popmoderner‹ Flaneur. Christian Krachts Roman Faserland. In: German Life and Letters, Jahrgang 55 (2002), Heft 2, S. 164–179 (zitiert als: Biendarra 2002).

BÜHLER, PATRICK, und FRANKA MARQUARDT: Das »große Nivellier-Land«? Die Schweiz in Christian Krachts Faserland. In: JOHANNES BIRGFELD und CLAUDE D. CONTER (Hrsg.): Christian Kracht. Zu Leben und Werk. Köln: Kiepenheuer & Witsch Verlag 2009, S. 76–91 (zitiert als: Bühler/Marquardt 2009).

DÖRING, JÖRG: »Redesprache, trotzdem Schrift.« Sekundäre Oralität bei Peter Kurzeck und Christian Kracht. In: Derselbe und andere (Hrsg.): Verkehrsformen und Schreibverhältnisse. Medialer Wandel als Gegenstand und Bedingung von Literatur im 20. Jahrhundert. Opladen: Westdeutscher Verlag 1996, S. 226 bis 233 (zitiert als: Döring 1996).

GRABIENSKI, OLAF: Christian Krachts Faserland. Eine Besichtigung des Romans und seiner Rezeption. Hamburg: Seminararbeit 2000/2001 (zitiert als: Grabienski 2000/2001).

KLOPPROGGE, VERA: Wie lebendig ist die Popliteratur um die Jahrtausendwende? Judith Hermanns »Nichts als Gespenster« in Gegenüberstellung zu Christian Krachts »Faserland«. Waterloo, Onatario (Canada): MA Thesis 2005 (zitiert als: Klopprogge 2005).

MERTENS, MATHIAS: Robbery, assault, and battery. Christian Kracht, Benjamin v. Stuckrad-Barre und ihre mutmaßlichen Vorbilder Bret Easton Ellis und Nick Hornby. In: HEINZ-LUDWIG ARNOLD (Hrsg.): Text + Kritik. Sonderband Pop-Literatur. München: Verlag Text + Kritik 2003, S. 201 – 217 (zitiert als: Mertens 2003).

Zur literaturgeschichtlichen Einordnung

BASSLER, MORITZ: Der deutsche Pop-Roman. Die neuen Archivisten. München: Verlag C. H. Beck 2002 (zitiert als: Basler 2002).

DEGLER, FRANK, und UTE PAULOKAT: Neue deutsche Popliteratur. Paderborn: UTB 2008 (zitiert als: Degler/Paulokat 2008).

ERNST, THOMAS: Popliteratur. Hamburg: Rotbuch Verlag 2001 (zitiert als: Ernst 2001).

FREUND, WIELAND: »Eine Generation von Wallfahrern.« Roadnovels – Sehr europäische »Amerikanische Reisen«. In: WIELAND FREUND und WINFRIED FREUND (Hrsg.): Der deutsche Roman der Gegenwart. München: Wilhelm Fink Verlag 2001, S. 45–52 (zitiert als: Freund 2001).

HUBER, TILL: Ästhetizismus in Fin de Siècle und Popliteratur: Hugo von Hofmannsthals lyrische Dramen und Christian Krachts Romane. Hamburg: MA Thesis 2007 (zitiert als: Huber 2007).

MEHRFORT, SANDRA: Popliteratur: zum literarischen Stellenwert eines Phänomens der 1990er Jahre. Karlsruhe: Info Verlag 2008 (zitiert als: Mehrfort 2008).

Rutschky, Katharina: Wertherzeit: Der Poproman – Merkmale eines unerkannten Genres. In: Merkur vom Februar 2003, S. 106 bis 117 (zitiert als: Rutschky 2003).

Schaefers, Stephanie: Unterwegs in der eigenen Fremde. Deutschlandreisen in der deutschsprachigen Gegenwartsliteratur. Münster: Verlag Monsenstein und Vannerdat 2010 (zitiert als: Schaefers 2010).

Schulze, Gerhard: Die Erlebnisgesellschaft: Kultursoziologie der Gegenwart. Frankfurt am Main: Campus Verlag 1992 (zitiert als: Schulze 1992).

Über die Autorin

Ute Paulokat, Jahrgang 1977, studierte Deutsche Philologie, Politische Wissenschaft sowie Medien- und Kommunikationswissenschaft an der Universität Mannheim und promovierte dort 2006 mit der Arbeit *Benjamin von Stuckrad-Barre. Literatur und Medien in der Popmoderne.* Über Stuckrad-Barre hat sie auch einen Artikel für das *Killy Literaturlexikon* verfasst. Weitere Veröffentlichung: *Neue Deutsche Popliteratur.* Paderborn 2008 (zusammen mit Frank Degler).

Bildquellenverzeichnis

Titelbild: Martin Vischer als Protagonist der ersten Bühnenadaption von »Faserland«, die unter der Regie von Robert Lehniger im April 2012 am Schauspiel Hannover Premiere hat.
Foto: © Katrin Ribbe
S. 9: © Agentur Focus / Paul Schirnhofer
S. 15: © Getty Images / Marco Prosch
S. 26: © LANGNESE / Sammlung Sadecki, Berlin
S. 31: © ullstein bild / IT
S. 33: © Picture Alliance / dpa / Arne Dedert
S. 49: © imago / image broker
S. 59: © Schapowalow
S. 65: DePauli Aktiengesellschaft, Garching
S. 77: © ullstein bild / Rainer Binder
S. 85: © imago / HRSchulz
S. 91: © INTERFOTO / Sammlung Rauch
S. 99: © imago / Daniel Schvarcz
S. 105: visipix.com

Textquellenverzeichnis

S. 47, 49, 51, 53, 54 f., 57, 60, 62, 62 f., 70, 74, 96, 97, 98, 99 f., 100 und 105, aus: »Faserland« von Christian Kracht: © 1995, 2010 by Verlag Kiepenheuer & Witsch GmbH & Co. KG, Köln.
S. 102, aus: »New Wave« von Christian Kracht: © 2006 by Verlag Kiepenheuer & Witsch GmbH & Co. KG, Köln.
S. 12 f., 13 und 14, aus: »Livealbum« von Benjamin von Stuckrad-Barre: © 1999 by Verlag Kiepenheuer & Witsch GmbH & Co. KG, Köln.

Bereits erschienen:
Bertolt Brecht: *Leben des Galilei* (47702)
Georg Büchner: *Dantons Tod* (47719)
Georg Büchner: *Woyzeck* (47708)
Friedrich Dürrenmatt: *Der Besuch der alten Dame* (47706)
Friedrich Dürrenmatt: *Die Physiker* (47712)
Theodor Fontane: *Effi Briest* (47707)
Theodor Fontane: *Irrungen, Wirrungen* (47722)
Max Frisch: *Homo faber* (47718)
Johann Wolfgang von Goethe: *Die Leiden des jungen Werther* (47701)
Johann Wolfgang von Goethe: *Faust I* (47721)
Johann Wolfgang von Goethe: *Iphigenie auf Tauris* (47715)
Franz Kafka: *Der Proceß* (47703)
Franz Kafka: *Die Verwandlung* (47727)
Heinrich von Kleist: *Das Erdbeben in Chili* (47709)
Heinrich von Kleist: *Michael Kohlhaas* (47705)
Heinrich von Kleist: *Prinz Friedrich von Homburg* (47713)
Wolfgang Koeppen: *Tauben im Gras* (47714)
Thomas Mann: *Buddenbrooks* (47716)
Thomas Mann: *Mario und der Zauberer* (47717)
Friedrich Schiller: *Don Karlos* (47704)
Friedrich Schiller: *Kabale und Liebe* (47723)
Friedrich Schiller: *Maria Stuart* (47700)
Arthur Schnitzler: *Leutnant Gustl* (47710)
Arthur Schnitzler: *Traumnovelle* (47711)
Peter Stamm: *Agnes* (47720)

Folgende weitere Bände der Reihe »Schroedel Interpretationen« erscheinen 2012 und 2013:
Alfred Andersch: *Sansibar oder der letzte Grund* (47726; Sommer 2012)
Günter Grass: *Im Krebsgang* (47730; Herbst 2012)
E. T. A. Hoffmann: *Der Sandmann* (47725; Frühjahr 2013)
Daniel Kehlmann: *Die Vermessung der Welt* (47736; Sommer 2013)
Heinrich von Kleist: *Die Marquise von O …* (47734; Anfang 2013)
Gotthold Ephraim Lessing: *Emilia Galotti* (47724; Sommer 2012)
Gotthold Ephraim Lessing: *Nathan der Weise* (47732; Sommer 2013)
Thomas Mann: *Der Tod in Venedig* (47728; Sommer 2012)
Joseph Roth: *Hiob* (47731; Ende 2012)
Friedrich Schiller: *Die Jungfrau von Orleans* (47737; Ende 2012)
Sophokles: *Antigone* (47735; Frühjahr 2013)

Inhaltsverzeichnisse und **Probeseiten** finden Sie unter: http://www.schroedel.de/Interpretationen

Eine Auswahl von Lektüren der Reihe Texte.Medien (Textausgaben mit Materialien)

Die einzelnen Bände werden jeweils durch **Arbeitshefte, Informationen für Lehrerinnen und Lehrer** und zum Teil **mediales Zusatzangebot** ergänzt:

Georg Büchner: *Dantons Tod* (47022)
Georg Büchner: *Woyzeck* (47028)
Johann Wolfgang von Goethe: *Faust. Der Tragödie erster Teil* (47009)
Johann Wolfgang von Goethe: *Iphigenie auf Tauris* (47422)
Franz Kafka: *Die Verwandlung und andere Erzählungen* (47005)
Heinrich von Kleist: *Michael Kohlhaas* (47027)
Friedrich Schiller: *Kabale und Liebe* (47423)
Friedrich Schiller: *Maria Stuart* (47421)
Arthur Schnitzler: *Traumnovelle* (47006)

Weitere Titel sowie eine Übersicht zu geplanten neuen Textausgaben finden Sie unter: www.schroedel.de/textemedien